Manchmal brauchen wir ein besonderes Ereignis, das uns hilft zu erkennen, dass wir uns in einem Hamsterrad befinden.

Ich war auf meiner Reise die Karriereleiter hinauf. 20 Jahre Versicherungsbranche, Station für Station gemeistert. Der nächste Schritt war eine Expat-Stelle in Australien. Mit gepackten Koffern und grünem Licht zur neuen Arbeitsstelle begab ich mich vorher noch einmal auf Weltreise. Batterien auftanken, endlich frei von vollen Terminkalendern. Was hatte mich nur davon abgehalten, es früher zu tun? Es war ein Traum.

Ein einziger Anruf am anderen Ende der Welt am Strand von Kambodscha machte meinen Traum und meine Zukunftspläne zunichte. Ich sass im Paradies und sah nur noch ein dunkles, grosses Loch vor mir. Eine schicksalhafte Begegnung mit einer Yogalehrerin öffnete mir die Augen und liess mich erkennen, was ich von meinem Leben wirklich erwarte.

Diese Erzählung ist inspiriert von dem, was ich auf meiner Reise seither entdeckt habe, und soll dich dazu inspirieren, deine eigene Reise zu starten – hinein in das Leben, von dem du träumst.

Ich wünsche dir dabei viel Freude und Erfolg und immer den richtigen Wind.

1

Wie in aller Welt konnte ich hier landen? Auf diesem heruntergekommenen Kutter. Er war etwa 20 Meter lang, der Rumpf ein mattes Dunkelblau. Sein Name: Corazón. Die vormals goldenen Buchstaben gerade noch zu erkennen. Corazón, das Wort kam in jedem spanischen Schnulzenschlager vor, der im Radio lief oder in irgendwelchen Strandbars, dachte ich. Ich mochte keine Schnulzen.

Das Schiff sah inmitten der anderen, deutlich nobleren Yachten, die hier im Hafen lagen, verloren aus, so als gehöre es nicht in die Reihe. Seine Segel mussten mal weiss gewesen sein, jetzt waren sie grau wie alte Handtücher, die zu oft gewaschen worden waren.

Wie war ich hierhergekommen? Warum war ich hier?

Ich war 45 Jahre alt, hatte eine beachtliche Karriere hingelegt in den letzten 20 Jahren seit dem Ende meines Studiums und sollte jetzt eigentlich gerade in meinem komfortablen First-Class-Sitz im Flieger nach Costa Rica versinken. Fensterplatz. Ein Glas mit teurem Inhalt in der Hand, die Financial Times auf dem Schoss.

Costa Rica war das neue Amerika. Die Firma, in der ich arbeitete, hatte dort vor zwei Jahren viel Land gekauft, um eine neue Dependance zu errichten. Einen Glaswürfel wie aus einem Hollywoodblockbuster hatten sie uns in der Präsentation gezeigt. Palmen, Sonne, Meer, malerische Kulisse. Schöne Frauen. Gutes Essen. Alles so relaxed. Als würde es jemals relaxed sein. Jeder im Team wusste, dass das nicht stimmte, aber keiner sagte was. Es war letztlich egal, immer egal gewesen, wo wir arbeiteten. Wenn du abends vom Schreibtisch aufstehst, den Laptop zuklappst (um ihn mit nach Hause zu nehmen), ist es überall auf dieser Welt dunkel.

Schüller war wieder nicht zufrieden gewesen. Schüller war nie zufrieden, seit ich zurückdenken konnte. Am meisten leid tat es mir um Sabine und die Kinder. Ich hatte ihnen ein schönes, gemeinsames Wochenende in Österreich versprochen. Wandern, Golfen, am Abend Wellness, morgens zusammen im Bett kuscheln. Die drei – wir alle vier – hatten lange auf diese Auszeit gewartet, auf meine Auszeit. Zweieinhalb Tage, immerhin. Sich in meinem Job zweieinhalb Tage herauszuschnitzen war, wie wenn andere ein ganzes Jahr Sabbatical machten.

Es lag an mir und meinem Job, dass wir so wenig Zeit zusammen verbrachten. Immer stand irgendwas an, immer lief irgendwas weg. Das Adrenalin, das schon morgens durch meine Adern pulste, überflutete ich mit Kaffee, was das Ganze nicht besser machte, aber mir das Gefühl gab, wach zu sein. Wachsam. Auf der Hut. Am Puls der Zeit. Bereit für den nächsten grossen Deal.

Eine Möwe schrie zu laut über mir und ich erinnerte mich, wo ich war. Am Hafen von Panama-Stadt. Falsches Land. Falsche Stadt. Alles nur, weil mein Flieger nach Costa Rica spontan gecancelt worden war. Panama war nur die Notlösung gewesen, weil es im System des Flughafens in San José in den frühen Morgenstunden einen Totalausfall gegeben hatte und mein Flug nun umgeleitet wurde.

In der heutigen Zeit so ein kleines IT-Problem und schon bricht alles zusammen, lächerlich!

Doch es war so. Nun stand ich am Schalter mit hundert anderen Leuten und musste mir meinen Flug erkämpfen.

„Es tut uns sehr leid, Herr Weber, aber der einzige freie Platz, den ich Ihnen nach San José anbieten kann, ist übermorgen um 16 Uhr 50."

„Ich will nicht übermorgen fliegen, ich muss heute hier weg! HEUTE! Ist das denn so schwer zu verstehen?", herrschte ich die junge Frau an. Sie wurde rot im Gesicht wie ihr Halstuch, das sie zu dem dunkelblauen Kostüm trug, und sah angestrengt auf ihren Bildschirm, als sei die Lösung darin zu finden. War sie aber nicht.

Sie tippte etwas mit ihren perfekt lackierten Fingernägeln in die Tastatur. „Ich kann leider nicht sehen, wie die Anschlüsse in Panama heute sind. Das System … Tut mir sehr leid."

Das System! Was war denn das für eine gequirlte Sch…?!

Ich dachte kurz und scharf nach. Und tat dann das Einzige, was mir in diesem Moment noch möglich war: Ich rastete aus. Fünf Minuten lang machte ich mir Luft und wusste, dass ich der jungen Frau gegenüber ungerecht war, die sich sicher einen besseren Tag vorgestellt hatte. Ich raste selten aus, aber es ging nicht mehr. Ich bin seit Eintritt in meinen Job daran gewöhnt, besser gesagt, darauf trainiert, in den katastrophalsten Momenten einen kühlen Kopf zu bewahren, aber das hier ging zu weit. Erst die Ankündigung von Schüller, dass ich noch heute (unbedingt heute, jetzt sofort) nach Costa Rica fliegen musste. Und dann das hier.

Die junge Frau hatte offensichtlich gute Anweisungen von oben erhalten, wie man mit Fluggästen wie mir umging. Oder sie hatte einfach starke Nerven wie ein Stier in der Arena. Stierkämpfe gab es doch noch hier? Oder war das in Spanien?

„Lassen Sie, ich mach das selbst", sagte ich wütend. Ist wieder mal typisch, wenn man es nicht selbst macht, klappt einfach gar nichts.

Ich rief meine Assistentin an: „Monique, die kriegen das hier nicht hin. Mach du das. Buch du mir den Flug. Ich muss übermorgen zum Termin da sein."

Monique kann alles, die holt mich hier raus.

„Für wie lange?", hatte ich Schüller gefragt. Vielleicht liess sich unser Wochenende in Österreich verschieben. Das könne er nicht sagen, auf jeden Fall so lange, bis der Deal gerettet und der Vertrag unter Dach und Fach war. Ein, zwei Wochen mit Sicherheit. „Nehmen Sie genügend Klamotten mit."

Ein, zwei Wochen?!

Sabines enttäuschtes Gesicht, als ich sie bat, im Hotel in Österreich anzurufen und das Wochenende zu stornieren. Die Gesichter der Kinder würde ich gar nicht erst sehen, da sie schon in der Schule waren. Ich hatte mich nicht mal verabschieden können. In aller Eile hatte ich meinen grossen Rimowa-Koffer gepackt. Dazu der Projektkoffer der gleichen Marke, ein grosser Businessrucksack mit Laptop und Unterlagen, zwei Roll-ups … Ich hatte keine Zeit mehr gehabt, das Gepäck zu wiegen. Es war mir letztlich auch egal.

Sollte die Firma zahlen. Am liebsten hätte ich meinen ganzen begehbaren Wandschrank als Übergepäck mitgenommen, um sie so richtig bluten zu lassen.

In Köln hatte es geregnet an diesem Morgen. „Wohin wollen Sie?“, fragte mich der Taxifahrer. Ich sagte es ihm. Im Inneren des Wagens hing noch das After Shave des letzten Fahrgastes. Ich mochte den Duft nicht. Die Stadt war an der Fensterscheibe vorbeigeflogen, als ich dem Fahrer bedeutete, schneller zu fahren. „Junger Mann, hier is sechzisch, isch will nisch wejen Ihnen meine Lizenz verlieren.“ Er hatte das Pensionsalter offensichtlich schon deutlich überschritten.

Egal, drück drauf, Mann, hatte ich gedacht. Denn ich will wegen der bescheuert sinnlosen Geschwindigkeitsbegrenzung auf total freier Strecke nicht meinen Job verlieren!

Schüller hatte mich noch zweimal angerufen während der Taxifahrt, um mir den Grund dieser überstürzten Aktion genauer zu erklären. Es habe Schwierigkeiten gegeben: Angeblich seien die Besitzverhältnisse für das Land ungeklärt gewesen und einige der beteiligten Firmen nur Scheinfirmen. Die Verträge hätten also keine Gültigkeit. Das alles sei gestern erst aufgeflogen. Zu allem Überfluss hätten – keiner wüsste wie – schon zwei Investoren Wind davon bekommen und seien kurz davor, sich aus dem Projekt rauszuziehen … Es ging um Leben und Tod für das Projekt. 100 Millionen, die sich schon morgen in Luft aufgelöst haben könnten … Puff!

Jede Stunde zählte.

Monique liess mich heute im Stich. Alle Flüge ausgebucht. Meine Wut wich der Frustration. Wie komme ich nur hier weg?

Kein Flieger. Morgen vielleicht kein Geld mehr. Was für eine Welt.

Die Dame vom Schalter schien Mitleid mit mir zu haben, denn sie kam zu mir und bot mir ein Glas Wasser an.

Sie sah mich einen Moment lang an, überlegte ganz offensichtlich angestrengt mit mir hinter ihrer glatten, hübschen Stirn – und fragte mich plötzlich: „Wären Sie bereit, ein anderes Verkehrsmittel zu nehmen?“

„Sie meinen ein Auto? Nein, das ist in unserer Firma verboten.“ Unser Chef hat panische Angst, dass einer überfallen und im Dschungel ausgesetzt wird, oder noch schlimmer, er dann Lösegeld bezahlen muss. Das ist total lächerlich, schliesslich ist das Land ja sicher. Aber das bekommst du dem nicht beigebracht. Limousine zwischen Flughafen und Hotel, das war’s.

Die junge Frau kramte daraufhin schnell in ihrer Handtasche und rief jemanden mit ihrem Handy an. Sie machte einen kurzen Small Talk mit ihm auf Spanisch, den ich nur in Bruchstücken verstand. Sie lachte viel dabei. Ich wusste nicht, was witzig an der ganzen Situation sein sollte, schliesslich ging es für mich um meine Karriere. Leben oder Tod.

Als sie auflegte, sah sie mich an. „Ich habe eine Lösung für Sie."

Ich war kurz erleichtert, dann gleich wieder besorgt. Schüller würde mich in wenigen Stunden anrufen, wenn er mich in San José wähnte, und würde wissen wollen, ob alles klar war. Die junge Frau stand auf, ging zu einem Fotokopierer und kopierte eine kleine Karte. Als sie zurückkam und mir das Papier reichte, sah ich, dass es eine Visitenkarte war. Ein Segelboot war darauf abgebildet. Darunter stand der Name Carlos und eine Handynummer. Sonst nichts.

„Ein guter Freund von mir bringt Sie an Ihr Ziel", sagte sie.

„Wie, mit dem Boot?"

„Ja. Es ist die einzige Möglichkeit, wie Sie heute noch weiterkommen. Die gepanzerte Autoeskorte wurde heute schon vom Präsidenten gemietet, sorry", hatte sie gesagt. Sie meinte es scherzhaft, aber mir war nicht zum Lachen zumute. Mit einem genervten Seufzer nahm ich das Papier an mich.

„Hola!“, rief ein braun gebrannter, stämmiger Mann Mitte sechzig, der auf dem Deck des Kutters auftauchte. Er winkte mir zu. „Sind Sie Jean? Kommen Sie!“ Er sprach erstaunlich gut Deutsch mit starkem spanischen Akzent. Jean, mein Vorname, klang skurril aus seinem Mund. Die Mittelamerikaner hatten es nicht so mit dem Französischen.

„Wohin wollen Sie?“, fragte er. Was soll diese bescheuerte Frage? Hatte ihm die Frau vom Flughafen etwa nicht gesagt, dass ich nach Costa Rica musste? Und zwar dringend, pronto, jetzt, schoss es mir durch den Kopf. Hitze stieg in mir auf und ich fühlte meine Kopfschlagader pochen. Bevor ich antwortete, hatte ich wieder die Beherrschung zurück und sagte in einem mürrischen Ton: „Also, nach Costa Rica, zu meinem Kundentermin. Das war doch geklärt, oder?“

Carlos antwortete mit einem leichten Grinsen: „Ja, alles klar. Ich wollte es nur noch mal von Ihnen hören. Man weiss ja nie.“

Man weiss ja nie? Hatte der eigentlich eine Ahnung, worum es hier ging? Mein Ruf stand auf dem Spiel! Ach, wieder mal musste man alles selbst in die Hand nehmen, ätzend war das. Meine Gedanken wurden durch Carlos' Zuruf unterbrochen.

„Aber die Koffer, die sollen alle mit? Viel zu viel. Einen davon können Sie mitnehmen. Nur einen. Und ziehen Sie die Schuhe aus, bitte!"

Was? Ich sah auf mein Gepäck, das neben mir stand. Auf meine Schuhe. Ich trug einen Anzug. Wie sah das aus, ohne Schuhe. Träumte ich? Würde ich gleich aufwachen, Sabine neben mir im Bett, die noch schlief, und alles wäre nicht wahr? Doch mein Gefühl sagte mir, dass dies kein Traum war.

„Was ist das?", fragte Carlos, als ich ihm die beiden Roll-ups rüberreichte.

„Roll-ups."

„Rollmops?", fragte er, breit grinsend, sichtlich stolz, dass er dieses deutsche Wort kannte. „Mein Freund Enrique bringt die Rollmops und den anderen Koffer mit dem Transportschiff nach Costa Rica. Express! Der kommt noch vor Ihnen an."

Wie sollte das denn gehen, vor mir?, dachte ich mir. Ich ersparte mir die Frage.

Carlos zeigte zu einem dürren, sonnenverbrannten Mann mit wildem schwarzen Haar, der aussah, als wäre er nicht immer auf der Seite des Gesetzes. Da kam mir wieder Schüller in den Sinn mit seinen fanatischen Parolen. „Weber, trauen Sie keinem. Die wollen uns alle über den Tisch ziehen. Alles Gangster." Ich verstehe heute noch nicht, wie man nur so engstirnig durchs Leben laufen kann.

„Machen Sie, beeilen Sie sich! Wir müssen los, damit wir noch ein paar Seemeilen schaffen, bevor es dunkel wird." Kritisch beäugte ich das Schiff, das aussah, als wären schon einige Stürme darüber hinweggefegt und als hätte Skipper Carlos nicht das nötige Kleingeld gehabt, um es wieder zu reparieren. Wie sollten wir in diesem Kahn nach Costa Rica kommen? Er hatte sicher nicht mal GPS. Gut, dass ich mein Handy dabeihatte.

Carlos machte eine Handbewegung, die bedeutete, ich solle ihm meinen Koffer rüberreichen. Ich gab ihm das Ding und, sehr vorsichtig, auch meinen Laptop, darauf mein ganzes Büro und Leben. Dann zog ich meine Schuhe aus. Die ganze Zeit über sagte ich nichts. Ignorierte die Hand, die Carlos mir reichte, als ich vom Steg aus mit einem Bein aufs Boot stieg. Ein paar Wellen brachten den Kahn ins Wanken und mich ebenfalls. Carlos packte meinen Ellbogen. Endlich beide Beine an Bord. Auf dem Steg der Projektkoffer und meine beiden Roll-ups mit der Visualisierung des Projekts. Drei Monate Arbeit steckten da drin. Einsam und verlassen. Vielleicht hatte Schüller doch recht mit seinen Parolen. Aber egal, ich musste los, sonst konnte ich mir aus dem Koffer und den Roll-ups ein Boot bauen, um wieder zurück nach Deutschland zu kommen. Wenn du nicht mehr weiterweisst und kurz davor bist zu kapitulieren, wird der Humor erstaunlich schwarz, dachte ich im gleichen Moment.

„Willkommen an Bord! Bienvenidos a bordo!“, strahlte mich Carlos an und breitete die Arme aus, als wären wir auf einer Luxusyacht. Er hatte blaue Augen und von der Sonne gezeichnete Haut. Seine Haare waren mittelbraun und leicht gelockt. Er war einen Kopf kleiner als ich, wie ich jetzt feststellte.

Er streckte mir die Hand hin: „Carlos.“

Ich zögerte. Schüller fiel mir ein, der uns eingebläut hatte: „Immer beim Sie bleiben, die Südamerikaner ziehen einen sonst sofort über den Tisch.“

„Jean Weber“, sagte ich daher förmlich. „Freut mich, Sie kennenzulernen.“

Ein kurzes Zucken seiner Augenbrauen verriet mir, dass er meine Ablehnung des Du registriert hatte, doch er sagte nichts dazu ausser: „Kommen Sie, ich zeige Ihnen Ihr Zimmer.“ Bei dem Wort Zimmer zwinkerte er leicht.

Ich schnappte mir den Griff meines Koffers und wollte ihn gerade hinter Carlos herziehen, da sah der mich scharf an: „Bitte tragen Sie ihn. Keine Kratzer hier an Bord machen. Das Holz ist empfindlich." Als ob ein paar Schrammen mehr oder weniger auf diesem ollen Kahn auffielen, dachte ich grimmig. Aber ich wollte es mir nicht gleich mit dem Captain verscherzen. Den Blick auf Carlos' stämmige braune Waden gerichtet, folgte ich ihm mit meinem Koffer unter Deck.

„Carlos, wann genau kommen wir an?" Ich hatte die Frage noch nicht ausgesprochen, da klingelte schon mein Handy. Es war Schüller. Gedankenübertragung oder mein geübter Umgang mit Psychopathen?

Carlos drehte sich zu mir um, lächelte mich an und meinte: „Exakt genau pünktlich!"

2

Ich folgte Carlos unter Deck. Die Treppe war steil und ich musste den Kopf beim Hinabsteigen der sieben schmalen Stufen einziehen, um mich nicht zu stossen. Mein Handy klingelte die ganze Zeit weiter. Sollte ich rangehen? Aber was könnte ich Schüller schon sagen? Es gab nichts, was ihn beruhigen würde.

Carlos nahm mir die Entscheidung ab. „Bitte lassen Sie es doch mal klingeln", sagte er. Es klang nicht bestimmend oder bevormundend und trotzdem erkannte ich den Nachdruck in seinen Worten. Ehrlich gesagt war ich froh, einen Grund zu haben, nicht rangehen zu müssen. Die Mailbox sprang im gleichen Moment an, mein Handy verstummte und ich steckte das Gerät in die Innentasche meines Jacketts.

„Ihre Koje ist hier", er deutete auf eine schmale Tür direkt unter der Treppe. „Ich selbst schlafe vorne im Bug. Und das hier", er zeigte mit einer Kreisbewegung durch den Raum, „ist unser gemeinsames Reich." Reich, das klang reichlich übertrieben, fand ich, für circa 12 bis 15 lang gezogene Quadratmeter, in denen eine Küche, eine Sitzecke mit Tisch und eine zerschlissene Couch Platz hatten. Auf dem Tisch lagen mehrere Seekarten, Kompass, Zirkel und ein Bleistift. Carlos hatte doch wohl GPS an Bord?

Erleichtert bemerkte ich den Router oberhalb der Sitzecke. Ein älteres Modell, aber immerhin. Auch Steckdosen gab es offensichtlich. Sehr gut, ich hatte eine Flutwelle von Mails zu beantworten während der Fahrt. Carlos hatte meinen Rundblick bemerkt. „Alles da, was man braucht", sagte ich. Carlos nickte und wiederholte mit leichtem Schmunzeln: „Alles da, was man braucht."

Draussen ertönte ein ohrenbetäubendes Hupen. Ich war kurz zusammengezuckt, so laut war es. „Sie werden sich an die Geräusche des Meeres gewöhnen", meinte Carlos ruhig. Er bedeutete mir, ihm zu folgen, und lief in meine Koje. „Am besten verstauen Sie Ihre Sachen im Schrank über Ihrem Bett. Den Koffer können Sie einfach unters Bett schieben. Ach, und das Bad teilen wir uns." Er verliess die Koje und öffnete die angrenzende schmale Tür. „Die Toilette und Dusche funktionieren mit einer Pumpe." Oh Gott, Mittelalter, dachte ich. Aber gut, ich würde es hinbekommen. Konnte ja nicht so schwer sein für die kurze Zeit.

„Ich erwarte Sie in wenigen Minuten oben an Deck, dann legen wir ab." Damit verschwand er nach oben und ich ging in die Koje zurück.

Mein „Schrank“ bestand aus einer rechteckigen Klappe mit etwas Stauraum dahinter, ähnlich dem Handgepäckfach in einem Flugzeug. Ich musterte die Länge des Bettes. In Hotels hatte ich öfters Probleme, weil meine Zehen an die untere Bettkante stiessen. Hier würde es wahrscheinlich genauso sein. Das gegenüberliegende Bett war genauso gross. Immerhin sah die einfache Bettwäsche, mit denen beide Betten bezogen waren, sauber aus.

Ich fühlte mich kurz in meine Schulzeit und die Übernachtungen in Landschulheimen zurückversetzt. „So, Kinder, Koffer auspacken, gleich wird gemeinsam der Tisch gedeckt fürs Abendbrot!“ Nur, dass ich heute alleine hier war und dass die Dinge alle viel ernster geworden waren. Lebensbedrohlicher. Wann hatte ich eigentlich zum letzten Mal in einer Runde aus Freunden lauthals gelacht und einfach sinnlosen Quatsch gemacht? Lange her. Ich wusste nicht mal, wo es die anderen alle hin verschlagen hatte. Für die Gruppenchats und die jährlichen Klassentreffen hatte ich keine Zeit.

Mein Blick fiel auf meinen Koffer. Wieso überhaupt auspacken? Für die eine Nacht. Und duschen tat ich eh lieber im Hotel. Kurzerhand schob ich ihn ungeöffnet unters Bett. Den Laptop liess ich auf dem Bett liegen und ging nach oben. Gleich nach dem Ablegen würde ich Sabine anrufen, damit sie und die Kinder Bescheid wussten.

Ich rieb mir die Stirn, als ich auf Carlos zulief, der auf dem Steg damit beschäftigt war, die Mittelspring zu lösen.

„Sie haben sich den Kopf gestossen. Aufpassen", rief er mit einem fröhlichen Grinsen und warf mir die Spring zu. Ich wickelte sie über meinen linken Ellbogen zu einer grossen Schleife auf.

„Sie können sie unter der Bank verstauen." Die Sitzfläche der Bank war klappbar, wie ich herausfand. Darin befanden sich noch viele weitere Taue und Leinen, auch Schwimmwesten und ein rechteckiges rotes Tuch. Mit einem grossen Schritt stieg Carlos wieder vom Steg an Bord und löste die linke Heckleine. Er bedeutete mir, die rechte zu lösen. Dann ging er ans Steuer. „Ziehen Sie uns vorne ein Stück aus der Box und machen Sie danach beide Leinen los!" Seine Befehle waren klar und ohne Schnörkel. An Bord war das wichtig. Mir gefiel diese Direktheit. „Und immer eine Hand an der Reling! Es kann Ihr Leben retten."

Ich nahm die beiden Leinen in die Hände, die rechts und links an hohen Holzdalben festgemacht waren, und zog gleichmässig daran. Gehorsam bewegte sich unser Boot mit der Bugspitze ein Stück nach vorne aus der Box heraus.

„Sehr gut – und losmachen!" Das Losmachen gestaltete sich schwieriger, als ich gedacht hatte, da ich die Knoten nicht kannte. Hinten war es einfacher gewesen. Carlos, der bemerkte, dass ich Schwierigkeiten hatte, verliess kurz das Steuer und half mir. Es war eigentlich leicht gewesen, wenn man wusste, wie der Knoten geführt war. Er drückte mir beide Leinen in die Hand. „Aufwickeln und unter die Bank!“ Dann trat er wieder ans Steuer. Er grüsste zwei andere Skipper mit erhobener Hand und Rufen, die ich nicht verstand. Als auch unser Heck die Dalben passiert hatte, schlug Carlos das Steuer nach links ein und fuhr im Tuckergang auf die Hafenausfahrt zu. Ich wurde langsam ungeduldig. Es brauchte ganz schön viel Zeit, so ein Boot loszukriegen und endlich aufs Meer zu kommen. Hoffentlich dauerte die Fahrt nach Costa Rica nicht allzu lange.

Als wir den Hafen verlassen hatten, gab Carlos Gas. Ich schaute zurück auf unsere breite Heckwelle. Der Hafen, die dahinterliegenden grauen Gebäude und die gelbbraune Erde des Landes wirkten trostlos. Anders als die palmumsäumten weissen Sandstrände, die man eigentlich mit diesem Land verband, dachte ich. Oh wie schön ist Panama.

Tat ich das Richtige mit dieser Schiffsfahrt? Hatte ich genügend andere Optionen ausgelotet? Doch da war nichts mehr zum Ausloten gewesen, nicht bei Schüllers fanatischen Einschränkungen. Jetzt war es eindeutig zu spät, um darüber nachzudenken. Ich hoffte nur, dass Enrique wirklich so zuverlässig war und den Rest meines Gepäcks pünktlich zu uns brachte.

„Haben Sie nichts anderes zum Anziehen dabei?", rief Carlos, der kurz den Leerlauf eingelegt hatte, um die Segel zu hissen. Er schien genau den Überblick zu haben, welche Leine zu welchem Segel gehörte, auch wenn das Ganze für mich wie ein riesiges Wirrwarr wirkte. Es erinnerte an einen Marionettenspieler, der genau wissen musste, wann er an welchem Faden zog. „Ein Anzug ist das Unpraktischste, was man sich vorstellen kann auf einem Boot", sagte er. „Und mit den Dingern an den Füssen werden Sie mir früher oder später von Bord rutschen."

Ich sah an mir runter und bemerkte, dass ich immer noch Socken trug. „Wissen Sie", sagte ich, „in einem Businessmeeting sind kurze Hosen und ein T-Shirt auch das Unpraktischste, was man sich vorstellen kann. Vor allem, wenn es um mehrere Millionen geht." Warum hatte ich das Letzte gesagt? Ich wollte nicht angeben, aber ich fand, dass Carlos wissen sollte, worum es hier für mich ging. Er blieb ungerührt. „Ja, ja, die Geschäfte", sagte er nur und fummelte wieder an den Leinen rum. „Ziehen Sie mal!"

Er gab mir eine Leine in die Hand. Ich zog. Es tat sich nichts. „Fester!" Ich zog fester. Das Segel bewegte sich keinen Zentimeter. „Das Ding klemmt schon seit ein paar Tagen", rief Carlos und kletterte kurzerhand am Mast hoch. Mir fiel auf, wie muskulös seine Oberarme waren und wie behände er alles erledigte. Mein letzter Besuch im firmeneigenen Fitnessstudio lag dagegen schon über zwei Jahre zurück. Und, ehrlich gesagt, war ich auch nur ein-, zweimal kurz nach der Eröffnung dagewesen.

Das Unternehmen, in dem ich arbeitete, hatte es grossflächig auf einer eigenen Etage eingerichtet. Alles sehr stylisch. Blöd nur, dass sich keiner der Mitarbeiter traute, einfach mal eben eine Stunde Auszeit zu nehmen. Jeder klebte an seinem Stuhl, sowohl während der Arbeitszeit als auch weit darüber hinaus. So trieben sich im Fitnessstudio eher ein paar ältere Vorstände herum, die es sich leisten konnten, oder ganz junge Führungskräfte, die das Spiel noch nicht kapiert hatten. Auch sie würden früher oder später eher über Factsheets und Flowcharts schwitzen als an den Fitnessgeräten, schoss es mir durch den Kopf.

„Ziehen Sie noch einmal, feste!“, rief Carlos von oben. Ich zog, und endlich tat sich was. Gemeinsam brachten wir das Segel in Position. Während wir eifrig beschäftigt waren, zog unser Schiff rechts vorbei an der lang gezogenen Brücke, die den Ausflugshafen Fuerte Amador mit den vier winzigen Inseln Flamenco, Perico, Culebra und Naos verband. Normalerweise fuhren Touristen hierher, um sich den Leuchtturm von Flamenco anzusehen, zum historischen Fort Newton zu spazieren oder ihr Geld in den Duty-free-Shops auszugeben und anschliessend genüsslich einen Cocktail unter einem schattenspendenden bunten Sonnenschirm zu schlürfen.

Es war megaheiss. Die Sonne, die inzwischen hoch am Horizont stand, traf uns schonungslos hier an Deck. Kein Schatten, kein Cocktail weit und breit. Ich krempelte meine Ärmel hoch. Plötzlich schoss mir Sabine durch den Kopf. Und Schüller. Ich wollte doch beide anrufen! „Entschuldigen Sie mich kurz“, rief ich Carlos zu und stieg mit eingezogenem Kopf die Stufen hinab.

„Kein Netz“, sagte mir mein Display. Wieso hatte ich daran nicht gedacht? 15 Anrufe in Abwesenheit. 14 davon Schüller, einer von Sabine. Wie bezeichnend.

Es gab nicht ein einziges verfügbares Netz. Konnte das sein? Sobald wir den nächsten Hafen erreichten, war Sabine die Erste, der ich Bescheid geben musste. Sie machte sich sicher schon Sorgen. Schüller konnte warten. Für ihn musste ich mir erst einmal eine brauchbare Erklärung einfallen lassen. Und Monique musste ich unbedingt sagen, dass sie den Termin sicherheitshalber um zwei, drei Stunden nach hinten verlegte, falls die Fahrt zwischen dem Hafen und der Firma der Geschäftspartner länger dauerte. Carlos hatte mir vor unserer Abreise versichert, dass der Hafen, an dem wir ankamen, von dem Firmensitz nicht allzu weit entfernt war.

„Wenn Sie Kaffee mögen, unten in der Kajüte steht eine Thermoskanne. Becher sind im Schrank und ein paar Kekse sollten auch noch da sein!“, rief Carlos von oben. Ich brachte mein Handy in meine Koje, zog die Socken aus und legte sie auf mein Bett. Barfuss ging ich in den Küchenbereich zurück und klappte die Schränke auf. Pfeffer, Salz, Paprika, Curry … Carlos war mit Gewürzen gut ausgestattet. Alles war gut gegen das Herausfallen gesichert und alles hatte seine Ordnung. Ich fand Zucker und eine Packung runder Kekse. Milch stand in einer Flasche im Kühlschrank, der ebenfalls auffallend sauber war. Carlos schien ein aufgeräumter Mensch zu sein. Mir fiel auf, dass mich dies beruhigte. Von echter Entspannung war ich allerdings noch seemeilenweit entfernt. Ich fand die Thermoskanne in einer Halterung und nahm sie zusammen mit zwei Bechern und den anderen Sachen mit.

„Sagen Sie, wie viele Stunden brauchen wir denn noch circa?“, fragte ich kurze Zeit später und wischte mir ein paar Krümel vom Mund. Carlos stand am Steuer und hielt den Kaffeebecher in seiner Linken, während seine Blicke auf dem Horizont ruhten. Unser Hafen war zu einem schmalen grauen Strich in unserem Rücken geschrumpft.

„Weiss ich nicht. Mit dem richtigen Wind geht's ganz schnell“, sagte Carlos, grinste und nahm einen grossen Schluck. Er trank seinen Kaffee mit viel Milch und viel Zucker, ich dagegen bevorzugte meinen schwarz.

Der „richtige Wind“ und sein Grinsen dabei kreisten durch meine Gedanken. Für solche unkonkreten Aussagen würden sie mich gleich aus dem Projekt werfen, schoss es mir durch den Kopf. „Was halten Sie davon, den Motor anzustellen? Dann sind wir schneller“, schlug ich vor. Dass er nicht selbst darauf kam. Er wusste doch, wie wichtig es für mich war, so schnell wie möglich anzukommen.

„Nada. Gar nichts.“

„Gar nichts?“

„Benzin ist begrenzt auf dem Meer“, sagte er ungerührt, leerte seinen Becher und reichte ihn mir, ohne den Blick vom Meer zu nehmen. „Ein echter Segler macht den Motor nicht an. Ausser es gibt einen Notfall.“

„Entschuldigung, aber wir haben hier einen Notfall!“, entfuhr es mir.

Carlos warf mir einen Seitenblick zu, als hätte ich ihn und seine Skipperehre beleidigt. Nach einer Weile sagte er: „Die Wolken da gefallen mir nicht. Es wäre dumm, jetzt schon den Motor anzumachen. Kann sein, dass wir ihn noch brauchen. Als Reserve.“

„Haben Sie ein Satellitentelefon an Bord?“, fragte ich. „Ich müsste mal dringend telefonieren.“

„Nichts ist so wichtig, dass es nicht warten kann“, sagte Carlos. „Satellitentelefone sind nicht zum Chatten oder wie die jungen Leute heute sagen. Man benutzt sie nur für wichtige Mitteilungen auf See."

Hast du eine Ahnung, dachte ich und spürte, wie mir der Kamm schwoll. Das hier war wichtig. Die Ungenauigkeit des „Weiss ich nicht"-Teils seiner Antwort vorhin machte mich ausserdem rasend. Ich hasste Ungenauigkeiten. Ich schloss kurz die Augen und hoffte, dass wir Costa Rica morgen Abend erreichten.

„Halten Sie bitte mal das Steuer!", rief Carlos mit sorgenvollem Blick Richtung Himmel. Da erst bemerkte ich, dass sich einige grosse Quellwolken bedrohlich über uns aufgetürmt hatten. Wo kamen die denn auf einmal her?

Ich nahm das Steuer in die Hand, hatte aber gleichzeitig keine Ahnung, was ich tun sollte. „Einfach den Kurs halten!", rief Carlos mir über die Schulter zu, als hätte er meine Gedanken erraten, dann war er unter Deck verschwunden. Leicht gesagt, dachte ich, denn der Bug des Schiffes pendelte durch den Wellengang in einem Winkel von etwa 30 Grad nach rechts, tauchte dann nach unten ab, um mit der nächsten Welle in entgegengesetzter Richtung wieder über dem Horizont aufzutauchen. Von gerader Linie keine Spur. Warum hatte Carlos in Zeiten des 21. Jahrhunderts keinen Monitor?

Ich war vor einigen Jahren mal bei einem Freund mitgefahren, der ein Motorboot besass. Doch auf seinem Boot war alles voll automatisch gewesen. Es war ein Prachtstück gewesen, preislich in der Nähe einer schicken Eigentumswohnung angesiedelt.

Carlos kam zurück und schüttelte den Kopf. „Wir sollten vor Anker gehen, bis der Sturm vorüber ist."

„Aber wir haben keine Zeit!", rief ich erschrocken.

„Wir haben auch keine Zeit, um zu sterben", erwiderte er. „Das ist kein kleiner Nieselregen, der da kommt, sondern ein gewaltiger Tropensturm." Er übernahm das Steuer wieder. „Sehen Sie die Insel links?" Er deutete auf eine Insel, die etwa auf 11 Uhr vor uns lag. „Dort legen wir an. Die linke Seite der Insel ist ein bisschen erschlossen. Ein, zwei Strassen in Ufernähe. Der ganze Rest ist Urwald. Halten wir uns also in diese Richtung. Aber wir müssen aufpassen. Direkt vor der Insel gibt es starke Untiefen."

„Was bedeutet das?", fragte ich.

Carlos zeigte mit seiner Hand auf eine Richtung, die fernab von der Insel lag. „Wir müssen zunächst einen Bogen fahren, so als wollten wir an der Insel vorbeifahren. Dann gibt es eine sehr schmale Passage, die durch die Untiefen hindurchführt. Das Wasser reicht gerade eben für den Tiefgang der Corazón." Er schien die Gegend hier zu kennen wie seine Westentasche. Allerdings wirkte dieser Umweg auf mich viel zu weit und unnötig. „Warum halten wir uns nicht einfach rechts und ankern vor dem unerschlossenen Teil? Ist doch egal, wenn da Urwald ist. Wir wollen ja dort nicht übernachten."

Carlos schüttelte den Kopf. „Bei einem Sturm aus dieser Richtung sind wir dort nicht ausreichend geschützt. Die Wellen werden das Boot am Playa Diablo zerschmettern."

Er wollte gerade die von ihm geplante Richtung einschlagen, da entdeckte ich eine schmale, leicht zu übersehende Passage, die zwischen zwei Felsen genau vor der Insel durchführte. „Was ist damit?", fragte ich.

„Zu eng", sagte Carlos, ohne hinzusehen.

„Das glaube ich nicht. So wie ich es sehe, passt die Corazón da dreimal durch."

Carlos sah mich an, als sei ich ein unnachgiebiges Kind. „Ich seh schon, Profi für alle Probleme. Na gut, machen wir das halt auf Ihre Art."

Endlich hat auch er's verstanden, dachte ich und nahm das Fernglas zur Hand. Nicht, weil ich damit etwas Besonderes hätte erkennen können, aber ich fand, dass es meine Haltung unterstützte und mir etwas Erfahrenes gab.

Erstaunlich schnell erreichten wir die Felsen. Der Wind hatte spürbar Fahrt aufgenommen in unserem Rücken und schob uns an. „Das reicht doch dicke!“, rief ich nach erneutem Blick durch das Fernglas aus. Carlos trat vom Steuer weg. „Okay, bitte sehr, machen Sie. Sie sind der Chef.“

Das Blau der Wellen hatte inzwischen in ein Dunkelgrau gewechselt und der Wellengang war deutlich höher geworden. Der Bug der Corazón schlug jetzt in einem viel grösseren Winkel nach rechts und links aus. Ich steuerte intuitiv nach links. Nur wenig, für mein Empfinden, doch für das Boot war es bereits zu viel. Die Steuerung dieses alten Kahns war erstaunlich empfindlich. Ich merkte es selbst, doch Carlos sprach es schon aus: „So halten Sie direkt auf den linken Felsen zu.“ Ich korrigierte nach rechts. Wieder zu viel, bemerkte ich, als der Bug nun auf den rechten Felsen zuhielt. Ich wurde nervös und steuerte leicht nach. Es konnte doch nicht so schwer sein, mit diesem Schiff geradeaus zu fahren! Der Wellengang machte die ganze Sache unkontrollierbar. Ich wischte mir eine Haarsträhne aus der Stirn.

„Sie müssen die Mitte zwischen den Ausschlägen des Bugs anpeilen“, riet Carlos. Das hatte ich auch schon kapiert, doch es war nicht so einfach, wie es aussah.

Nur noch wenige Meter trennten uns von den beiden grossen Felsen, die aus dem Wasser ragten. Sie schienen aus der Nähe viel grösser zu sein als noch vor wenigen Minuten.

Wir hielten genau darauf zu. Auch wenn die Durchfahrt schmal war, würden wir hindurchpassen, davon war ich immer noch fest überzeugt. Eine Bö drückte das Schiff plötzlich auf die linke Seite. Damit hatte ich nicht gerechnet. Ich steuerte nach rechts.

„Vorsicht, nur ganz leicht", sagte Carlos, umfasste das Steuerrad von der Seite und korrigierte den Kurs. Es ärgerte mich, dass er in mein Tun eingriff, so wie Schüller. Der meinte auch ständig, in alles hineinfummeln zu müssen, obwohl ich alles unter Kontrolle hatte.

Durch die Passage hindurch erkannte ich einen weissen Sandstrand. Fantastisch, genau da wollte ich hin. Der ideale Ort für unsere Gewitterpause.

„He! Sehen Sie den Felsen nicht?", fragte mich Carlos scharf. Hoppla, den Gesteinsbrocken auf der Backbordseite hatte ich tatsächlich nicht bemerkt, weil mein Blick starr geradeaus gerichtet gewesen war.

„Sie müssen auf dem Meer immer alles im Blick behalten. Alles! 360 Grad. Verstehen Sie?"

Ich nickte und lockerte meine Halsmuskulatur. Entspann dich, redete ich mir zu, du hast schon ganz andere Dinge geschafft. Aufmerksam schaute ich nach rechts und links, um nicht noch weitere Gesteinsformationen zu übersehen.

Wieder drückte uns eine Bö nach links. Diesmal reagierte ich weniger überstürzt als beim ersten Mal. Trotzdem spürte ich, wie ich unsicher wurde, denn von der Breite her passten wir zwar durch die Passage, aber ich hatte vergessen, den Wellengang in meine Kalkulation einzubeziehen. Ein Schiff fuhr nicht einfach schnurgeradeaus wie ein Auto auf einer Teerstrasse. Warum hatte Carlos nichts davon gesagt?

Ausserdem sah ich erst jetzt etwas, das unserem Blick vorher verborgen geblieben war: Die Passage war nicht komplett frei in der Mitte, wie es zunächst ausgesehen hatte. Vielmehr waren Felsen verschiedenen Umfangs wie Streusel auf einem Kuchen darin verteilt, die man nur sah, wenn sich die Wellen zurückzogen. In diesem Moment tauchte der Bug unseres Schiffes in die Durchfahrt ein. Zu spät, um umzudrehen.

Carlos sah mich von der Seite an. „Na, schaffen wir es?"

„Wir schaffen das", sagte ich, den Blick nach vorne gerichtet. So sicher war ich mir da allerdings nicht mehr. Ich biss die Zähne zusammen und musste an meinen Zahnarzt denken, der mir schon mehrmals dringend geraten hatte, mich mehr zu entspannen. Ich musste nachts wie ein Irrer knirschen.

Der Wind riss mich aus meinen Gedanken. Wie aus einer Laune heraus drückte er ohne Vorwarnung jetzt von der

Backbordseite gegen das Schiff, sodass wir auf eine Kette von vier bis fünf Felsen zuhielten, die rechts von uns lagen. Bleib ruhig, befahl ich mir innerlich. Ich steuerte ganz leicht nach links, doch da wartete bereits der nächste Gesteinsbrocken auf uns und auf den fuhren wir geradewegs zu!

Der Wind kam jetzt gefühlt aus allen Richtungen gleichzeitig. Ich fühlte mich machtlos. Jede Richtung, in die ich das Steuer lenkte, schien falsch zu sein. Der Wind machte, was er wollte, und das Boot ebenfalls. Was, wenn wir auf diese Felsen aufliefen, die Bordwand aufriss und wir vor dieser gottverlassenen Insel kenterten? Weder Sabine noch Schüller wussten, wo ich war …

Mein Herz schlug mir bis zum Hals und meine Brust schmerzte. Erst jetzt bemerkte ich, dass ich die ganze Zeit die Luft angehalten hatte. Ich atmete tief und scharf ein, konnte nicht nach links sehen, zu Carlos. Ich spürte seine Gegenwart, doch mein Kopf schien wie festgeschraubt auf meinem Hals zu sitzen und liess sich nicht bewegen. Schockstarre war das Letzte, was ich dachte. Dann sah ich uns auf die Felsen zurasen. Jeden Moment würde es krachen.

Plötzlich spürte ich Carlos' warme, raue Hände, die meine berührten, als sie das Steuer umschlossen. „Darf ich?" Ich nickte, trat wortlos zur Seite und hielt mich hinter meinem Rücken an einem Brett fest. Meine Handflächen schwitzten. Carlos schlug das Steuerrad sehr scharf nach rechts ein, wartete drei Sekunden und drehte es sofort scharf nach links. Das Schiff segelte exakt zwischen zwei Felsen hindurch. Der Skipper wirkte wie ein geübter Autoscooter-Fahrer, der schon viel Zeit auf dem Rummelplatz verbracht hatte und es schaffte, auch im grössten Gewirr anderer Autos unbeschadet eine Lücke zu finden.

Die Felsen waren nicht sehr hoch, doch scharfkantig. Wir passierten sie so nah, dass man unter Deck die Hand hätte danach ausstrecken können, um sie zu berühren. Ich kniff die Augen zusammen, rechnete jeden Moment damit, ein scharfes Schrammen zu hören, das unser Aus ankündigte. Ich sah meine jüngste Tochter vor meinem inneren Auge. Ich will sie doch wiedersehen. Alle will ich sie wiedersehen!

Und dann war es plötzlich ganz still.

„Sie können die Augen aufmachen!", rief Carlos, der bereits vorne am Bug war und an der Ankerwinde hantierte.

Ich stand wie gelähmt da und konnte mich nicht bewegen. Mit geübten Bewegungen liess er das kleine Beiboot ins Wasser. „Was ist, wollen Sie hierbleiben, bis Sie grün im Gesicht sind?"

„Warum bleiben wir nicht an Bord?", rief ich laut zurück. „Wozu haben wir denn das Boot?"

„Glauben Sie mir, bei diesem Sturm sind Sie an Land besser aufgehoben!“

Als wir beide im Boot sassen und Carlos auf den Sandstrand zuruderte, setzte Donner ein, wie ich ihn noch nie gehört hatte. Es hörte sich an, als hätte der Himmel alle Pauken eines gewaltigen Orchesters zusammengetrommelt. Dann platschte Regen auf uns herunter, der stärker war, als ich ihn je in meinem Leben erlebt hatte, jeder Tropfen gefühlt so gross wie eine ganze Kelle Wasser. Im Nu waren wir klatschnass.

„Da drüben!“, rief Carlos, als wir das Boot an Land zerrten. „Da können wir vorübergehend rein, ich kenne den Besitzer. Er ist um diese Zeit auf dem Festland!“ Durch die Wand aus Regen konnte ich ein kleines Häuschen aus Holz, Lehm und Ziegeln erkennen.

Als wir wenig später an dem rustikalen Holztisch in der kleinen Küche sassen, hatte es den Anschein, der Regen tobe sich draussen so richtig aus. Er und der Wind gaben sich abwechselnd die Klinke in die Hand. Manchmal droschen sie auch gemeinsam auf die Palmen über dem Haus ein und rüttelten am Dach, als müssten sie einem lange angestauten Ärger Luft machen. Mir kam Schüller in den Sinn. Erst gefühlte zwei Stunden später liess der Wind nach und es nieselte nur noch ganz leicht.

Es gab keinen Herd im Haus, sondern ausser der Küche nur noch eine schmale Toilette, kaum breiter als die Kloschüssel, und zwei spartanisch eingerichtete Schlafräume. Carlos fand hinterm Haus eine benutzte Feuerstelle und schaffte es, sie zu aktivieren. Die Hände nahe den Flammen, wärmten wir uns auf. Unsere Klamotten klebten an uns wie eine zweite Haut.

Carlos machte als Erster den Mund auf. „Sie sind noch nie gesegelt, oder?"

Ich schüttelte den Kopf. „Ich wollte es immer gerne lernen, aber ich hatte nicht die Zeit." Um ehrlich zu sein, hatte ich es über ein paar YouTube-Videos nie hinausgeschafft. Sehnsucht ist die eine Sache, der Alltag eine andere.

„Vor zwei Jahren im Sommer habe ich mir extra eine Woche freigenommen und wollte den Theorie- und Praxisschein machen. Ich hatte meine Frau und meine Kinder in einen schönen Urlaub geschickt. Aber dann ging in einem Projekt etwas schief und ich konnte nicht aus der Firma weg. Das war's dann mit dem Kurs."

Carlos sagte lange nichts. Dann meinte er plötzlich in die Stille hinein: „Rhythmus."

Ich sah zu ihm rüber. Der Feuerschein liess sein Gesicht warm aufleuchten. „Was meinen Sie?"

„Tanzen Sie?", fragte er.

Noch so ein Thema, für das ich keine Zeit habe, dachte ich und antwortete: „Über den Grundkurs hinaus habe ich es nie geschafft. Warum?"

„Segeln ist wie Tanzen. Alles folgt einem Rhythmus. Ebbe und Flut, der Tag, die Nacht, Wind und Flaute ... alles fliesst. Ein grosses Auf und Ab, ein Kommen und Gehen." Seine Hand zeichnete eine grosse Welle in die Luft.

Wie im Leben, schoss es mir durch den Kopf. „Genau", sagte Carlos und grinste verschmitzt. Konnte er meine Gedanken lesen? Dann schob er mit einem kleinen Ast ein weiteres Stück Palmenrinde, die er gesammelt hatte, ins Feuer.

„Die einen zählen die Schritte", fuhr er mit Blick auf die Flammen fort, „1-2-3-4, 1-2-3-4 ... Sie überstehen den Tanz, doch elegant sieht das nicht aus. Und anstrengend ist es auch. Wieder andere haben den Drang, den Takt zu steuern. Sie tanzen den Tango im ¾-Takt. Sie wundern sich dann, dass sie ständig über ihre eigenen Füsse stolpern."

„Warum sollten sie so etwas tun?", fragte ich. „Weil sie nichts anderes gelernt haben", meinte er. „Sie sehen das Leben als

¾-Takt und pressen alles in diese eine Form. Sie haben gelernt, dass alles unter Spannung bleiben muss, die Kurven nach oben zeigen, wie ein Baseballschläger."

„Sie meinen einen Hockeystick", unterbrach ich ihn und kassierte einen „Klugsch..."-Blick von ihm.

„Sie haben in einem guten Moment die Erfahrung gemacht, dass der ¾-Takt funktioniert, und haben dann aufgehört, dem Leben zuzuhören. Sie predigen diesen einen Weg und wenn er nicht funktioniert, sind die anderen schuld. Dann müssen die Umstände beim nächsten Mal einfach besser kontrolliert werden." Woher kennt der meinen Chef?, schoss es mir durch den Kopf und ich grinste vor mich hin.

„Dabei wäre es doch viel entspannter, der Musik zu lauschen und sich dem Takt hinzugeben, oder?" Da musste ich ihm recht geben.

„Wer käme schon auf die wahnwitzige Idee, Ebbe und Flut, Tag und Nacht kontrollieren zu wollen?", sprach er weiter. Schüller schoss mir wieder durch den Kopf und ich stiess einen grunzenden Lacher aus. Carlos sah mich fragend an. „Ich musste nur gerade an meinen Chef denken", sagte ich. „Bitte, erzählen Sie weiter."

„Aber die meisten Menschen unterliegen dem Trugschluss, sie könnten ihr Leben kontrollieren und immer alles oben halten, in der Spannung. Dabei besteht das Leben aus Spannung und Entspannung. Das Herz, unsere Lungen. Wie könnte etwas hoch sein, ohne dass es das Tief dazu gibt? Ein Leben ohne ausatmen?"

Eine interessante Sichtweise, dachte ich. Darüber hatte ich so noch nie nachgedacht.

„Der Rhythmus des Lebens war schon immer da und wird immer da sein. Er wird sich nie kontrollieren lassen, auch wenn wir noch so viel Technik erfinden. Und auch jetzt, in diesem Moment, können wir uns dem Rhythmus der Natur nur beugen und das Beste daraus machen." Carlos' Hände schwebten wieder durch die Luft und ich dachte nur: Hoffentlich will der jetzt nicht tanzen.

Ich seufzte. Mir fehlten die Worte, so frustriert war ich über die momentane Situation, mein Scheitern vorhin am Steuer und unsere vom Wetter erzwungene Notlandung hier in der Bucht. Wir schauten beide in das Feuer, das leise knisterte. Ich dachte über seine Worte nach. Kontrolle war doch das, was mir in meinem beruflichen Alltag Sicherheit gab. Keine Kontrolle, das bedeutete, keinen Überblick zu haben über mögliche Fehler oder Schwächen im System. So wie Carlos hatte ich die Dinge noch nie gesehen, aber der hatte auch einfach reden. Auf seinem Segelboot, fernab von gnadenlosen Kunden und Deadlines. Ich erinnere mich noch an Schüllers Begrüssungsworte: „Das ist ein Haifischbecken,

Herr Weber. Halten Sie sich an meine Anweisungen und Sie lernen schnell, wie Sie überleben."

Könnte da etwas dran sein? Wäre mein Leben tatsächlich einfacher, wenn ich es einfach geschehen liesse? Meinem Rhythmus folge? Aber was für ein Rhythmus sollte das, bitte schön, sein? Ich hatte keine Ahnung und das beängstigte mich. Ein kalter Schauer lief über meinen Rücken, gefolgt von einem Druckgefühl in meinem Kopf. Jetzt bloss nicht die Kontrolle und den Überblick verlieren.

„Was beschäftigt Sie gerade?", hörte ich Carlos in meine Gedanken hineinfragen.

„Wie ich am schnellsten zu meinem Kunden komme", antwortete ich. Das war tatsächlich in diesem Moment meine grösste Sorge.

„Glauben Sie mir, Sie werden zur rechten Zeit ankommen." Er stand auf. „So wie es aussieht, sollten wir hier besser die Nacht verbringen." Ich erschrak. Was hatte er da gerade gesagt? Die Nacht hier verbringen? Vor ein paar Stunden war nur die Rede von einer kurzen Pause gewesen!

Carlos deutete mit dem Finger auf den Horizont. Die Wolkenwand, die ich da sah, machte meinen Glauben an eine Weiterfahrt zunichte. Auch das noch. Warum konnte der Himmel jetzt nicht einfach strahlend blau und wolkenfrei sein? Warum ausgerechnet jetzt? Wenn es das Gesetz des Rhythmus gab, dann hatte es einen verflucht ungünstigen Zeitpunkt für dieses Unwetter ausgesucht!

In einem kurzen, windstillen Moment zwischen zwei Gewitterschüben ruderte Carlos noch einmal im Beiboot zum Schiff und holte Wolldecken, trockene Klamotten (auch ein Paar kurze Hosen und ein T-Shirt für mich aus seinen Sachen), Büchsenfleisch und Kekse. Netterweise hatte er mir sogar mein Handy mitgebracht. Doch es hatte immer noch keinen Empfang. Der Akku war auch bald leer, ich musste ihn aufladen, doch im ganzen Haus war keine Steckdose zu finden. Ich steckte es ein.

„Bevor Sie nun schlafen gehen", sagte Carlos später, als wir entschieden hatten, in welchem der beiden Schlafräume jeder von uns nächtigte, „darf ich Ihnen noch eine Frage stellen?"

„Klar."

„Wie viel Kontrolle hatten Sie über die schönsten Momente in Ihrem Leben?"

Die Frage sollte mich die ganze Nacht begleiten. Ich konnte kein Auge zumachen. Vielleicht lag's aber auch daran, dass ich nicht gerne bei Fremden schlafe. Schon gar nicht irgendwo im Urwald bei all den Insekten. Mitten in der Nacht fing es wieder an zu regnen. Tropf, tropf, tropf, tropf … tönte der Regen über mir. Sogar er schien einen gewissen Rhythmus zu haben, dachte ich. Dann sah ich das Bild von Carlos als wildem Tangotänzer vor mir. Ich schlief ein.

3

Am nächsten Morgen herrschte Bilderbuchwetter. Der Himmel tat, als sei am Vorabend nichts gewesen. Carlos wirkte gut gelaunt, als er das Beiboot an Deck zog. Entweder hatte er, im Gegenteil zu mir, verdammt gut geschlafen oder man sah ihm die Müdigkeit nicht an. Ich selbst fühlte mich wie durch den Fleischwolf gedreht.

Der Wind blähte die Segel und nach den ersten tiefen Atemzügen und der Bucht, die in unserem Rücken immer kleiner wurde, hellte sich auch meine Stimmung langsam auf. Es konnte sich nur noch um Stunden handeln, bis wir in Costa Rica ankamen.

Zu früh gefreut. Wir waren kaum eine halbe Stunde auf See, da schlug sich Carlos an die Stirn: „So ein Mist, ich wollte noch unsere Trinkwasserkanister auffüllen! Ich habe nur noch eine Flasche dabei. Die reicht nicht für uns beide. Als wir gestern gestartet sind, habe ich nicht daran gedacht, nachzufüllen."

„Ist doch egal", meinte ich, „dann teilen wir uns die Flasche eben. Wenn wir nicht so viel trinken, müssen wir auch nicht so oft unterwegs anhalten zum Pipimachen."

Carlos lachte schallend auf. „Sie können ja richtig witzig sein, wenn Sie wollen!“ Dann wurde er wieder ernst. „Nein, nein, oberstes Gebot auf See: Hab immer genügend Wasser dabei. Es kann dich sonst dein Leben kosten.“

Ich seufzte. Was wollte er damit sagen? Mussten wir etwa wieder umkehren? Ich merkte, wie mein Puls merklich anstieg. Wenn es so lebenswichtig war, wie hatte er als erfahrener Skipper es dann vergessen können?

Er nahm das Fernglas. „Keine Sorge, das bekommen wir schnell geregelt. Sehen Sie den kleinen Holzturm an Land? Ich kenne jemanden, der hat dort eine Bar. Sie ist gar nicht weit vom Ufer entfernt. Wir legen kurz an, versorgen uns mit Wasser und einer ordentlichen Mahlzeit und schon geht es weiter.“

Kurz anlegen war gut. Ich hatte immer das Gefühl, es dauerte eine halbe Ewigkeit, bis man ein Boot sicher festgemacht und wieder gelöst hatte. Daher zog ich scharf die Luft ein und schloss kurz die Augen. Das einzig Gute an seiner Idee war, dass ich, wenn es dort eine Bar gab, mich kurz bei Sabine und Schüller melden konnte. Sicher gab es dort auch endlich Strom. Mein Handydisplay war inzwischen komplett erloschen.

An der Uferstelle, die Carlos angepeilt hatte, gab es keinen richtigen Anleger, sondern nur einen lang gezogenen, niedrigen Holzsteg, an dem man sein Boot relativ leicht an ein paar Pflöcken festmachen konnte, wie ich beruhigt registrierte. Was mich allerdings innerhalb weniger Minuten nervte, waren die Hitze und die drückende Schwüle, die hier viel stärker waren als in der letzten Bucht. Die Moskitos, oder was auch immer das für Viecher waren, stürzten sich, kaum dass wir den Steg betreten hatten, begeistert auf jedes freiliegende Hautstück – zumindest bei mir. Carlos schienen sie schon zu kennen. In unserer Unterkunft hatte es keine Dusche gegeben. Moschus in Moskito City, dachte ich sarkastisch und schlug alle paar Atemzüge um mich, was nicht so einfach war, da ich in jeder Hand einen leeren 10-l-Kanister trug. Carlos hatte sich zwei weitere geschnappt.

Vierzig Liter für ein paar Stunden Fahrt, wo er vorher nur eine Flasche dabeigehabt hatte? Wollte er mich absichtlich ärgern? Diese Reise schien mir langsam absurd, doch ich sagte nichts, sondern blies mir beim Laufen verschwitzte Haarsträhnen aus meinem Gesicht und wedelte mit den Kanistern, um mein Blut bei mir zu behalten.

Der lange Steg ging nahtlos in Gestrüpp über, das zu einem schmalen Pfad niedergetrampelt war. Ein ordentlicher Weg war weit und breit nicht zu sehen, doch es schien Leben hier zu geben, denn aus einiger Entfernung war schwungvolle, südamerikanische Musik zu hören. Das musste die Bar sein.

Plötzlich stolperte ich und riss mir dabei an einem herumliegenden Stück Stacheldraht, das ich nicht gesehen hatte, den rechten Knöchel auf. So ein Mist! Ich sah an meinem Bein runter. Blut. Auch das noch. Wo war denn der verdammte Draht auf einmal hergekommen? Und warum zur Hölle war ausgerechnet ich da reingelaufen und Carlos nicht? Er lief doch vor mir.

Carlos hatte mein Fluchen gehört und drehte sich um. „Oh, Sie müssen aufpassen. Dieser Bereich war früher militärisches Gebiet." Klasse, hätte er ja auch früher sagen können.

„Wir sind gleich da." Er ging flotten Schrittes weiter. Ich folgte ihm missmutig.

Die Bar, aus der die Musik kam, war ausser einer Handvoll Hütten aus Bambus und Natursteinen das einzige Zeichen von Zivilisation hier. Dorf war zu viel gesagt. Erleichtert stellte ich fest, dass aussen an der Barwand ein Münztelefon hing. Uralt, aber immerhin.

Wir betraten die Bar und Carlos grüsste die Anwesenden darin freundlich. Sie nickten zurück. Es waren vielleicht sechs, sieben Mann, einfache Leute in Arbeitskleidung, wahrscheinlich Bauern oder Handwerker. Was arbeitete man in einer Gegend wie dieser? Die Büsche könnten sie mal schneiden und den Stacheldraht entsorgen, dachte ich grimmig. Ich hatte das Gefühl, dass mich die Gäste und auch der muskulöse, dunkelhäutige Typ hinter der Bar argwöhnisch musterten. Er hatte Unterarme wie Baumstämme. Behaarte Baumstämme.

„Cerveza?", fragte mich Carlos. „Möchten Sie auch ein Bier?" Bier am Morgen? Was für eine verrückte Vorstellung. Ich trank äusserst selten und wenn, dann erst nach Feierabend. In der Bar war es so stickig, dass ich noch mehr schwitzte als draussen. Der Ventilator, der sich träge an der Decke drehte, schaffte es nicht, die Luft zum Zirkulieren zu bringen. Wobei das, was er zum Zirkulieren gebracht hätte, auch nicht sonderlich angenehm war. Es stank grauenhaft hier drinnen, nach Schweiss, nach kaltem Rauch und abgestandenem Bier.

Obwohl die Holzwände der Bar grosse, fensterlose Öffnungen nach vorne zu dem Weg hatten, auf dem wir hergekommen waren, schien hier nie ein Lüftchen durchzuwehen. Und was taten diese Männer hier bloss alle um die Zeit? Wahrscheinlich alle arbeitslos, vermutete ich.

Carlos nahm ein paar grosse Schlucke von seinem Bier. Mir stellte der Kerl hinterm Tresen ein Glas mit dunkelbrauner, likörartiger Flüssigkeit hin. Ich wollte ablehnen, da schob Carlos das Glas näher zu mir hin. „Trinken Sie. Ist gut gegen die Parasiten." Welche Parasiten? Wo sollten wir uns die eingefangen haben? Etwa hier drinnen, beim Einatmen?

„Ein paar Tropfen schmieren Sie am besten auf Ihr Bein", riet mir der Skipper mit Blick auf meinen Knöchel. Der Barmann nickte, als hätte er unsere Sprache verstanden.

Ich seufzte und nippte leicht an dem Zeug. Es schmeckte widerlich. Bitter, sauer und scharf gleichzeitig. Ging das überhaupt?

„Ich muss mal telefonieren", sagte ich zu Carlos und kramte aus meinem Portemonnaie einen Zwanzigeuroschein. „Könnten Sie dem Mann bitte sagen, dass ich Wechselgeld brauche?"

Carlos schüttelte den Kopf, was aber nicht hiess, dass er nicht fragen wollte, es war einfach nicht die richtige Währung, die ich da auf den Tisch gelegt hatte. Etwas anderes hatte ich aber nicht dabei. Er griff in seine Hosentasche, holte ein paar Balboa-Münzen heraus und schob sie dem Wirt hin. Was er genau zu ihm sagte, verstand ich nicht. Ich hatte das Gefühl, dass mir dieser grauenhafte Likör total zu Kopf gestiegen war, dabei hatte ich nicht mal einen halben Schluck davon getrunken.

Der Mann hinter der Theke nickte. Als ich nach draussen ging, fiel mir auf, wie still es hier drinnen seit unserer Ankunft war. Wie im Western, wenn die Saloontür aufging und der Cowboy hereinkam oder der Bösewicht und man darauf wartete, wann die ersten Fäuste flogen oder die ersten

Kugeln die Luft durchschnitten. Ich ignorierte die Blicke und ging weiter nach draussen, in meiner Hand ungefähr 20 oder 30 Münzen. Die ersten zehn davon schob ich in den dafür vorgesehenen Schlitz. Sie rutschten sofort auf den Grund des Geräts, in das scheinbar lange niemand mehr etwas eingeworfen hatte. Hoffentlich funktionierte es überhaupt. Die nächsten gab ich besser einzeln hinein, sonst frass dieses Münzmonster sie alle auf, egal, ob ich nur kurz oder lang telefonierte.

Ich wählte Sabines Handynummer. Das Freizeichen ertönte und ich räusperte mich und setzte ein Lächeln auf. Ich sah nicht gut aus, wie ich so dastand, staubig, blutend, verschwitzt. Zum Glück konnte sie mich nicht sehen, sondern nur hören. Wenigstens sollte meine Stimme beruhigend klingen. Irgendwo hatte ich mal gelesen, dass, wenn man am Telefon lächelte, die Stimmung beim Gegenüber auch gleich viel besser wurde.

Sabines Mailbox sprang an und aus Angst, dass meine Münzen verschlungen sein könnten, bis der Piepton erklang, warf ich noch ein paar hinterher.

Dann sprach ich ihr so zügig und gleichzeitig ruhig wie möglich ein paar Sätze auf Band, sagte, dass es mir gut ging, dass ich leider den Flieger nicht nehmen konnte – Mist, warum hatte ich davon angefangen? – und schwenkte schnell wieder um, dass ich aber eine tolle Lösung (ja, ganz toll, du

Lügner) gefunden hätte. Ich gab ihr Küsse durch und Umarmungen für sie und die Kinder, dann legte ich auf.

Rassel-rassel-rassel, frass das Telefon die restlichen Münzen auf, statt sie wieder auszuspucken, wie sich das gehörte. Ich fluchte, nahm den Hörer in die andere Hand und wollte mich am Knöchel kratzen, der juckte, weil es sich darauf eine Fliege gemütlich gemacht hatte. Das mittlerweile geronnene Blut sah ekelhaft aus. Vorsichtig schnippte ich die Fliege mit zwei Fingern weg. Hoffentlich habe ich jetzt keine Malaria, schoss es mir durch den Kopf. Beim Kratzen musste ich dabei mein rechtes Bein leicht anheben und kam wegen des Alkohols etwas ins Schwanken, was wahrscheinlich reichlich komisch aussah. Galt das Lachen, das plötzlich in der Bar ertönte, mir, oder hatte jemand einen Witz gemacht?

Wie viele Münzen hatte ich noch? Ich zählte nach. Genau zehn. Na toll, und das sollte für ein Telefonat mit Schüller reichen? Sehr unwahrscheinlich, doch ich musste es wenigstens versuchen.

Bevor ich die Nummer wählen konnte, fiel mir auf, dass ich Schüllers Durchwahl nicht wusste – nach zehn Jahren in der Firma. Doch darüber konnte ich später sinnieren. Monique, meine Assistentin, würde mich sicher geschwind durchstellen, wenn ich sie darum bat. Also wählte ich ihre Nummer.

„Jean, heyhey, wo bist du denn abgetaucht?“, rief sie, als sie meine Stimme hörte. „Schüller ist auf 180, er versucht dich schon die ganze Zeit –“

„Jetzt nicht!“, unterbrach ich sie unwirsch, obwohl sie sich für mich und zwei Kollegen jeden Tag den hübschen Hintern aufriss. „Ich – bin nicht da, wo ich sein sollte, aber ich kann es dir jetzt nicht erklären! Bitte, stell mich ganz schnell zu Schüller durch!!“ Ich hatte den Eindruck, dass ich gerade genauso klang wie ein Typ in einem Actionthriller, dem ein Psychopath eine Knarre an den Kopf hält und ihm nur eine halbe Stunde Zeit gibt, um drei Millionen Euro Lösegeld zu beschaffen.

„Weber!!!“, brüllte Schüllers Stimme aus dem Hörer. „Wo zum Teufel sind Sie! Hat Costa Rica Sie verschluckt, oder was?“

Rassel-rassel-rassel.

„Ähm, nein, ich –“

„Und warum gehen Sie eigentlich nicht ans Telefon? Was ist das denn für eine Arbeitseinstellung? Wir haben doch die Vereinbarung, dass –“

Rassel-rassel-rassel.

„Schüller, Verzeihung, ich meine, Herr Schüller, ich muss Ihnen leider mitteilen, dass –“

Tuuuuuuut. Weg war er.

„Arrrrrrghhh! So ein verfluchter Mist!!“, schrie ich und warf den Hörer so hart auf die Gabel, als ob er etwas dafürkonnte. Drinnen war es schlagartig still.

Ich ging wieder rein und alle starrten mich an. Auf einmal hatte ich Durst auf ein Bier.

„Una cerveza, por favor“, sagte ich entgegen all meinen Prinzipien zum Wirt und sah Carlos an, der viel entspannter als ich wirkte. Er schien sich offensichtlich wohlzufühlen in dieser pissigen Bar. Es hatten sich zwei dunkelhäutige Männer zu ihm gesellt. Ihr schwarzes Haar sah wild aus, ihre Wangen hatten seit mindestens fünf Tagen keinen Rasierer gesehen. Sie erinnerten mich an Ganoven in Italowestern. Warum musste ich immerzu an Western denken an diesem Ort?

„Wir müssen los!“, sagte ich und mir fiel auf, dass ich sehr befehlend klang. Es war mir egal.

„Ja, ja, gleich. Erst muss ich Ihnen noch Pablo und Esteban vorstellen“, sagte Carlos.

„Hallo", sagte ich abwesend. Ich hatte keine Lust auf spanischen Small Talk, schon gar nicht in diesem Moment. „Wir müssen ganz dringend los, sobald wir ausgetrunken haben." Ich leerte das Bier, das der Wirt mir hinstellte, fast in einem Zug.

„Alles in Ordnung?" Carlos sah mich forschend an.

„Nichts ist in Ordnung", sagte ich mit Blick auf meinen Glasboden, in dem eine tote Mücke schwamm.

„Ich habe den beiden gerade erzählt, dass Sie Geschäftsmann sind", plauderte Carlos fröhlich weiter, als hätte er meine Antwort nicht gehört. „Ganz grosses Business machen Sie, habe ich gesagt. Esteban meinte, sein Sohn würde gerne in Deutschland arbeiten, er hat Marketing und BWL studiert. Denken Sie, er könnte in einer Firma wie der Ihren Fuss fassen, mal ein Praktikum machen für den Anfang?"

Das war nun wirklich das Letzte, über das ich mich unterhalten wollte, hier in diesem Dschungel, am Ende der Welt, mit diesen Leuten. Und ich war doch nicht die HR-Abteilung! Was stellte sich dieser Mann eigentlich vor?

Carlos bestellte sich ein neues Bier, was mich noch mehr ärgerte. Ich hatte doch gerade eben klar und deutlich gesagt, dass wir losmussten. In meiner rechten Schläfe pochte das Blut. Migräne lässt grüssen, dachte ich. So fing es immer an.

Es gab keine Uhr in diesem Raum, also griff ich in meine Hosentasche, um nachzusehen. Dann erinnerte ich mich daran, dass mein Handy ja leer war. Viel schlimmer aber war, dass auch meine Hosentasche komplett leer war. Mein Handy war weg! Ich hatte es dabeigehabt, als wir das Boot verliessen, das wusste ich ganz genau.

Carlos bemerkte meinen suchenden Blick. Auch auf dem Boden war nichts zu sehen. „Jean, ist alles in Ordnung?“, fragte er noch einmal.

„Mein Handy ist weg!“, fauchte ich ihn an. Mittlerweile machte das Bier in meinem Schädel, was es wollte. Ich hatte das Gefühl, auf einmal doppelt so viele Augenpaare im Raum zu sehen, die alle auf mich gerichtet waren. Wie Schafe, dachte ich. „Was glotzt ihr denn alle so blöd?“, rief ich und merkte, dass meine Zunge in den letzten Minuten auffallend schwer geworden war.

„Beruhigen Sie sich. Wir finden Ihr Handy. Cierto“, sagte Carlos und fasste mich am Arm. Ich schüttelte ihn ab. Dann spürte ich Estebans grosse, raue Hand auf meiner Stirn. Er prüfte wohl, ob ich Fieber hatte. Was fiel dem Kerl eigentlich ein, mich anzufassen?

„Finger weg!!“, schrie ich ihn an. Es war mir egal, ob er mich verstand oder nicht. „Ihr habt doch alle keine Ahnung! Nicht vom Business und nicht vom normalen Leben! Marketing und BWL“, sagte ich und hörte selbst, wie zynisch ich die beiden Worte aussprach. „Glaubt dein Sohn wirklich, dass er damit schon ein Ticket für eine geile Karriere in der Hand hat, oder was?“

Esteban verstand sehr wahrscheinlich kein Wort, aber er musste spüren, dass meine Worte keine guten waren. Er funkelte mich plötzlich an. An zwei Tischen erhoben sich die Männer. Die Luft wirkte plötzlich dicker, wie Pudding, und irgendwie elektrisiert, wie kurz vor einem Gewitter. Ich bekam keine Luft mehr.

Das Letzte, an das ich mich erinnerte, war, dass mich Carlos fest am Arm packte, den anderen etwas zurief, Geld auf die Theke legte und mich nach draussen führte. Ich liess es geschehen. War doch eh schon alles egal. Der ganze Deal, die ganze Reise, dieser moskitoverseuchte, hinterhältige Urwald … Ein riesiger stinkender Misthaufen war das! Nichts anderes!

Wir liefen schweigend über den Trampelpfad zum Boot zurück. Ich passte auf wie ein Schiesshund, dass ich nicht wieder in Stacheldraht lief. Mein Kopf wurde mit jedem Meter, den wir uns dem Ufer näherten, erstaunlich klarer.

Auch an Bord erledigten wir alle Handgriffe fürs Ablegen ohne ein Wort. Carlos sah mich nicht an. War er sauer auf mich oder wollte er mich nach meinem Auftritt in der Bar zappeln lassen? Mein Verhalten war mir jetzt sehr unangenehm. Was hatte mich da eben geritten?

Schliesslich ergriff ich die Initiative. „Es tut mir leid." Carlos reagierte nicht. „Haben Sie gehört? Es tut mir leid. Ich weiss, ich habe mich total danebenbenommen. Ich stand sehr unter Druck", fügte ich leiser hinzu. „Es war mir einfach alles zu viel. Der Stacheldraht, die Hitze, der Gestank, dann das Telefon ..."

Carlos sah von den Leinen auf. „Fällt Ihnen etwas auf?"

„Was meinen Sie?" Ich hatte keine Ahnung, worauf er hinauswollte.

„Was könnte die Wurzel von all dem sein, was in der letzten Stunde passiert ist?" War es wirklich nur eine Stunde gewesen? Es war mir viel länger vorgekommen.

Carlos half mir auf die Sprünge. „Sagt Ihnen das Wort Einheit etwas?"

Natürlich kannte ich das Wort.

„Das, was wir denken und wie wir es denken, das steuert unsere Realität. Wie das Steuer unserer guten alten Corazón hier.“ Er nickte zum Führerstand. „Wenn wir voller Freude in den Tag starten, dann wird es in den meisten aller Fälle ein guter Tag.“ Er machte eine kleine Pause. „Denken wir aber am Morgen schon ausschliesslich daran, wie furchtbar alles in unserem Leben ist, dann passieren den ganzen Tag lang auch nur schlimme Dinge.“

Mein verletzter Knöchel pochte, als wollte er Carlos’ Worte bestätigen. Oder war es das Salzwasser, das ich am Ufer darauf gegeben hatte, um die Stelle zu desinfizieren?

„An solchen Tagen sieht man dann überall nur Gefahr und Betrug und es geschehen lauter unglückliche Zufälle und Katastrophen, wo man geht und steht. Als hätte man das Pech gepachtet. Kennen Sie diese Comicfiguren, die immer eine Regenwolke über sich haben?“

Ja, die hatte ich schon gesehen. Okay, und was wollte er mir damit jetzt sagen, dachte ich, innerlich unruhig, denn wir sollten jetzt wirklich langsam lossegeln.

„Sie und ich. Zwei Männer. Zwei ganz unterschiedliche Erfahrungen in den vergangenen 60 Minuten, oder?“ Ja, da musste ich ihm zustimmen. „Wissen Sie“, fuhr er fort, „die Männer in der Bar, die waren wirklich nett. Einer von ihnen hat mir einen tollen Tipp gegeben, der mir bei einem Problem hilft. Und das Bier war richtig gut, fand ich, ich kannte die Sorte nicht, Sie? Der Wirt hat uns sogar die letzte Runde geschenkt. Das haben Sie gar nicht mitbekommen, oder?“ Nein, hatte ich nicht. Mir fiel ein, dass ich Carlos auch noch nicht das Geld gegeben hatte für meine verunglückten Telefonate.

„Ah, da kommen sie ja!“, rief er plötzlich und winkte den beiden Männern zu, die auf dem Steg zu uns kamen. Es waren Pablo und Esteban. Auch das noch. Ich spürte, wie mir heiss wurde vor Scham. Ich war davon ausgegangen, ich würde sie nie wiedersehen.

Sie trugen unsere vier Kanister, jetzt mit Wasser gefüllt. Ausserdem hatten sie eine Papiertasche dabei, aus der es überraschend köstlich duftete. Carlos bedankte sich überschwänglich und wollte ihnen Geld in die Hand drücken. Nein, Geld wollten sie offensichtlich keines. Für die gute Weiterreise, übersetzte er mir ihre Worte, es sei ihnen eine Freude gewesen, uns kennenzulernen.

Als er fertig übersetzt hatte und wir uns verabschieden wollten, tippte sich Pablo plötzlich an die Stirn und fasste in die Brusttasche seines Hemdes. Zum Vorschein kam – mein Handy.

Das war aber jetzt nicht wahr, oder? Hatte er es etwa die ganze Zeit gehabt? Wollten die mich absichtlich auf den Arm nehmen oder auf die Probe stellen? Was lief hier eigentlich?

Wollten sie nicht, wie Carlos mir übersetzte. Pablo hatte es auf dem Weg hierher auf dem Weg liegen sehen, unter einem Stacheldraht. Es musste mir beim Stolpern aus der Tasche gefallen sein.

Oh Gott, ich schämte mich. Ich schämte mich so wie schon lange nicht mehr. Ich wollte am liebsten im Holzboden des Schiffes versinken, bis auf den Meeresgrund.

Mir fehlten die Worte, sowohl auf Deutsch wie auf Spanisch, und so machte ich eine Geste mit zusammengefalteten Händen, wie ich es mal in einem Yoga-Schnupperkurs gelernt hatte, und hoffte, dass meine Botschaft bei den beiden Männern ankam. Pablo und Esteban grinsten, doch sie kapierten offensichtlich, legten ihre Hände ebenfalls vor der Brust zusammen und verbeugten sich ganz leicht.

Nachdem wir uns die Bäuche mit den wirklich köstlichen Enchiladas mit Speck, Käse, Tomate und frischem Salat vollgeschlagen hatten, ging Carlos ans Ruder. Ich war so vollgefressen, dass ich am liebsten ein Nickerchen gemacht hätte. Als hätte er meine Gedanken erraten, sagte Carlos: „Schlafen Sie ruhig ein bisschen. Sie haben es nötig.“

Ich gab zu, die Wirkung des Biers und des Likörs noch zu spüren, aber ich wollte und konnte nicht schlafen. Zu sehr hatte mich das gerade Erlebte aufgewühlt. Ich war eigentlich kein Mann, der viel über seine Gefühle redete. Doch in diesem Moment hatte ich das Bedürfnis, mit Carlos zu sprechen. Doch er schwieg lange und ich wusste nicht recht, wo ich anfangen sollte.

Der Wind in unseren Segeln war jetzt wieder perfekt, wie bei unserem Start heute Morgen. Carlos' Hand ruhte ganz leicht auf dem Steuer. Er musste nicht viel tun. Der Wind erledigte alles, so schien es jedenfalls. Ich musste an seine Sätze von gestern denken über den Wind des Lebens.

„Misstrauen macht das Leben sehr schwer", sagte er unvermittelt. „Kinder sind, wenn sie klein sind, nie misstrauisch. Sie sind immer neugierig. Sie leben im Moment. Sie sind offen. Sie freuen sich auf das, was kommt. Das Leben ist für sie ein einziges, grosses Abenteuer. Haben Sie Kinder?"

Ich nickte.

„Dann wissen Sie, was ich meine. So lebt es sich doch viel leichter, oder, einfach im Vertrauen und im Einklang. Je mehr Angst wir haben, je kleiner unser Vertrauen ist und je grösser unser Misstrauen, umso mehr fühlen wir uns bedroht. Finanziell, gesundheitlich, in unseren Beziehungen …" Er sah mich kurz an, um zu sehen, ob ich ihm folgen konnte. Ja, das konnte ich.

„Und wie gesagt, je mehr Bedrohung wir überall sehen, je mehr Gefahr, umso bedrohlicher und gefährlicher wird unsere Welt. Soll ich Ihnen was sagen? Ich persönlich glaube, dass unsere Welt in ihrem Ursprung zunächst immer erst einmal neutral ist. Wie bei einer Geburt. Wir beginnen jeden Tag von Neuem. Ein Kind, das auf die Welt kommt, weiss noch nichts über diese Welt. Erst seine Erfahrungen lassen die Neutralität seiner Wahrnehmung kippen. Wie wenn man Tropfen einer dunklen Farbe in ein Wasserglas gibt, färbt sich unser Blick. Jeden Tag ein bisschen mehr. Je mehr dunkle Tropfen, also negative Gedanken, wir hineingeben, umso dunkler wird unser Wasser. Bis wir irgendwann nur noch eine trübe, undurchsichtige, stinkende Brühe vor uns haben, durch die wir nicht mehr hindurchschauen können.“

Seine Worte lösten tief in meinem Inneren etwas aus. Genauso war mir mein Leben in letzter Zeit vorgekommen. Dunkel und trübe. Nicht in meinem Privatleben, aber in meinem Job.

Ich sah Carlos von der Seite an. Er schien am Ende seiner kleinen Rede zu sein und segelte einfach fröhlich geradeaus. Sein Blick war auf das wunderschöne Blau der Wellen gerichtet, die uns weisse Schaumkronen zeigten, als wären es ihre liebsten Spielzeuge, und er lächelte, als wäre das alles an Land überhaupt nicht passiert.

Also, wenn ich weniger misstrauisch bin, geht mir auch der Stacheldraht aus dem Weg, fragte ich mich. Ich fand den Gedanken absurd. Musste aber trotzdem grinsen, als ich mir das bildlich vorstellte. Ich schaute zu Carlos rüber und da war es wieder, sein verschmitztes Lächeln.

Plötzlich war ich so müde, dass ich mich kaum auf den Beinen halten konnte. Ich musste unbedingt schlafen, auch um mich für den bevorstehenden Termin zu wappnen. Hatte ich gerade „wappnen" gedacht? Das war doch auch so ein kämpferisches Wort, fiel mir auf. Doch ein besseres fiel mir im Moment nicht ein. Ich schaffte es gerade noch unter Deck, liess mich auf mein Bett fallen und sank in einen tiefen, traumlosen Schlaf.

4

Handyklingeln holte mich schlagartig wieder ins Hier und Jetzt zurück. Welches Handy eigentlich? Meines war doch leer. Mein Schädel dröhnte und so liess ich die Augen noch ein wenig geschlossen. Die zwei Bier und der Schluck dieses seltsamen Likörs in der Hitze waren eindeutig zu viel gewesen. Dann erst realisierte ich, dass der Klingelton doch meiner war. Die ersten Takte des Refrains von „It's my life". Ein Song, den ich sehr mochte, der mir gute Laune machte, wann immer ich ihn im Radio hörte oder auf einer Party. Wobei man die wenigen Partys, die ich in den letzten Jahren besucht hatte, an einer Hand abzählen konnte. Hatte ich eigentlich jemals über die Bedeutung dieses Songs nachgedacht? War es mein Leben, das ich lebte?

Da mein Handy anscheinend vorhatte, nicht eher klein beizugeben, bis ich abnahm, öffnete ich die Augen. Tatsächlich, das Display leuchtete auf und ich nahm ab. „Sabine?"

„Sabine? Nee, da ist Torben. Grüsse dich, Jean!", kam es mit triefender Süsse aus dem Hörer.

Der Becker auch noch.

Torben Becker war der letzte Mensch, den man am anderen Ende der Welt auf einem Boot hören wollte. Sein Vorname klang nach Waldorfschule und „Wir haben uns alle lieb", doch ich hatte ihn längst durchschaut. Im Gegensatz zu allen anderen. Seit er vor drei Jahren in unser Team gekommen war, machte er mir das Leben zur Hölle. Und nicht nur mir. Er suchte seinen Vorteil, wo er nur konnte. Minimaler Input an Arbeitszeit und Energie, maximaler Output an Anerkennung und Gehalt. Das schien das Ziel seines jeden Tages zu sein.

Er sah auch immer irgendwie ausgeruhter aus als wir alle. Ich hätte nicht sagen können, ob er weniger Zeit als ich in der Firma verbrachte, denn ich hatte ihn schon frühmorgens im Aufzug angetroffen und auch spätabends noch in der Tiefgarage. Vielleicht schaffte er es einfach, alle nervenaufreibenden Aufgaben an uns andere zu delegieren.

Spannend war, dass das ausser mir niemand zu bemerken schien. Vor allem dann nicht, wenn es um die Verteilung neuer Projekte ging – da bekam Becker gern mal die Sahnestücke. Ich war mir sicher, dass er auch auf mein Costa-Rica-Geschäft ganz schön scharf gewesen war und nur auf eine Gelegenheit wartete, wie er mich absägen und das Projekt an sich reissen konnte.

Ich beschloss, nur sehr, sehr kurz mit ihm zu sprechen. Nur das Allernötigste, keine Sekunde länger. Wenn der

Empfang hier auf unserer Position auf See gerade gut war, dann wollte ich den Moment lieber für ein schönes Gespräch mit Sabine und den Kindern nutzen.

„Grüss dich auch, Torben", gab ich nicht ganz so zuckrig zurück. Trotzdem musste ich aufpassen. Becker merkte ganz schnell, wenn man ihm gegenüber komisch wurde. Ich wollte auf keinen Fall, dass er Verdacht schöpfte und herausfand, was hier gerade los war.

„Du, ich hab von dem Telefonat zwischen Schüller und dir gehört. Monique hat es mir kurz erzählt." Seit wann redete Monique mit Becker über mich und meine Projekte? „Ich wollte dir nur sagen: Der Schüller war ja vorhin wirklich ziemlich durch den Wind. Du weisst ja, wie er sich dann aufführt." Ja, das wusste ich. Einen kurzen Ausschnitt hatte ich vorhin wieder live erlebt. Wenn man es so sah, dann hatte mir das gefrässige Münztelefon den Rest erspart.

Er machte eine Pause und ich dachte: Komm zum Punkt, Mann. Warum rufst du mich an? Was willst du?

„Hör zu, warum ich anrufe. Ich wollte dir nur kurz mitteilen, dass die Münchner angebissen haben. Es hat ja schon keiner mehr damit gerechnet, aber vor einer halben Stunde kam ihr Anruf. Sie wollen das Ding mit uns machen. Ist das nicht Bombe?" Bombe, solche Worte verwendete auch nur er.

Doch in der Tat, das waren grossartige Neuigkeiten. Ich freute mich sehr. Zwei Jahre lang hatten wir uns um diesen Auftrag bemüht, waren in endlose Pitchingrunden gegangen, hatten uns Nächte in Hotels um die Ohren geschlagen … Es freute mich riesig. Doch mich beschlich ein seltsames Gefühl. Warum rief Torben an, um mir Bescheid zu geben, und nicht Monique? Im nächsten Augenblick wusste ich, warum.

„Du, du bist ja gerade nicht vor Ort und hast mit den Südamerikanern sicher gerade mehr als genug um die Ohren. Da habe ich Schüller spontan vorgeschlagen, dass ich deinen Part übernehmen könnte. Und, was soll ich sagen, er hat sofort Ja gesagt!"

Ich hörte Torben lachen. Er lachte! Er freute sich tatsächlich, dass er mir das persönlich sagen konnte! Dass mir das was ausmachen könnte, schien ihm gar nicht in den Sinn zu kommen. Oder es war Kalkül. Wie bei einem Psychopathen. Ich hatte es ja schon immer gewusst.

„Bist du noch dran?"

„Ja, ich bin noch dran."

„Mach dir also keine Gedanken darüber, dass du gerade am anderen Ende der Welt bist. Ich nehm' das hier in die Hände und kümmere mich um alles. Okay?"

Ich hatte das Handy vom Ohr genommen, weil ich seine Stimme und das ekelhafte Strahlen darin nicht mehr ertragen konnte. Zwei Jahre ... Das Projekt mit den Münchnern hatte eine Dimension wie Costa Rica. Fast noch mehr. Ich hatte wirklich viel reingegeben. Meine ganzen Ideen, meine Kreativität ... Ich war mir sicher, dass keiner mehr wusste, woher die guten Lösungen gekommen waren, wenn das Projekt erst mal lief. Die Lorbeeren würde sich Becker holen.

„Jean? Jean! Hallooo?"

Am liebsten hätte ich das Handy ins Meer geworfen, aber ich wollte ja noch mit Sabine und den Kindern sprechen, also legte ich einfach auf. Aber, halt, erst noch mit Schüller reden. Mit ihm musste ich zuerst noch ein Hühnchen rupfen. Dann war Familienzeit. Erst die Arbeit, dann das Vergnügen, dachte ich grimmig.

Schüller ging erstaunlich schnell dran und höchstpersönlich. Das war ungewöhnlich, denn seine Assistentin war um diese Zeit schon längst im Büro. Mein Blick auf die Uhr sagte mir, dass es vier Uhr am Nachmittag war. Also neun Uhr in Deutschland.

„Herr Schüller, zunächst Entschuldigung, dass unser Gespräch gestern so abrupt geendet hat. Ich hatte keinen Empfang."

„Macht nichts, macht überhaupt nichts!“, rief Schüller fröhlich. Er klang wie ausgewechselt seit unserem Telefonat vor wenigen Stunden. Musste an der Zusage der Münchner liegen. Nach solchen Deals war er – minutenweise zumindest – wie verwandelt und konnte sich freuen wie ein Kind. Schnell kam dann meist allerdings der alte Schüller wieder zurück.

„Ich wollte Ihnen nur sagen, dass ich mich um die Münchner kümmern kann, sobald ich zurück bin. Spätestens in drei Tagen werde ich wieder am Platz sein.“ Siehste, Torben, nicht nur du kannst hinter dem Rücken der anderen deine Spielzüge machen, dachte ich mit einer gewissen Befriedigung. „Und natürlich kann ich auch von hier aus –“

Schüller unterbrach mich freundlich. „Nein, nein, lassen Sie mal. Kümmern Sie sich um Ihr Projekt in Costa Rica, das ist mehr als genug. Wir dürfen die Münchner jetzt nicht vom Haken lassen.“

Hatte er „Ihr“ Projekt gesagt? War Costa Rica auf einmal nicht mehr „unser“ Projekt? Was hatte das zu bedeuten? Und wer sprach davon, die Münchner vom Haken zu lassen? Ich hatte doch gerade deutlich signalisiert, dass ich einsatzbereit war. Es war mir auch klar, dass wir jetzt schnell handeln und besser heute als morgen in die Umsetzung gehen mussten.

„Sie wissen ja, was das Projekt für uns bedeutet. Die Münchner haben noch ein paar Veränderungsvorschläge. Herr Becker hat da auch schon ganz gute Ideen.“ Seit wann hatte der Becker Ideen? „Es ist wirklich völlig in Ordnung, wenn Sie sich ganz auf Costa Rica konzentrieren, Herr Weber. Ach, und übrigens, was ich Ihnen noch sagen wollte –“

Weiter kam er nicht, denn die Verbindung brach ab.

Ich spürte einen Kloss im Hals und das Schlucken schmerzte. Abstellgleis. So fühlt sich das Abstellgleis an, dachte ich. An einem Tag bist du der Held und schon am nächsten nicht mehr wichtig.

War Schüller nicht mehr von mir und meinen Fähigkeiten überzeugt? Liess er mich jetzt fallen? War das hier der Anfang von etwas viel Schlimmerem?

Ich erinnerte mich an den Satz meines damaligen Vorgesetzten, als ich in der Firma anfing. Dieser Mann war schon längere Zeit nicht mehr da. Er hatte nach einem Burn-out gekündigt. Doch ein Satz von ihm ging mir nie wieder aus dem Kopf: „Sobald der Schüller gleichgültig wird, bist du raus aus dem Spiel. Solange er rumschreit und wie Rumpelstilzchen durch die Gegend läuft, weisst du, dass du und das Projekt von Bedeutung sind. Aber wehe, er wird gleichgültig. Dann hat er längst was Neues, worauf er seine Energien richten kann.“

„Wohin wollen Sie?“, hatte mich Carlos gefragt, als ich an Bord gegangen war.

Ich will auf meiner Karriereleiter weiter, dachte ich. Unbedingt. Ich will nicht abstürzen. Auf gar keinen Fall! Nicht fallen gelassen werden wie eine heisse Kartoffel. Oder schlimmer noch: wie eine kalte Kartoffel, die keiner mehr wollte.

Fieberhaft überlegte ich, wie ich das Feuer in Schüller wieder entfachen konnte. Sein Feuer für mich und für meine Projekte.

Doch so sehr ich auch überlegte, es fiel mir nichts ein. Mein Gehirn war auf einmal wie ein Pudding. Ein zäher Matsch, der keinen klaren Gedanken mehr produzierte.

Ich tippte auf dem Handy herum, wollte Schüller noch mal dranbekommen. Keine Chance. Das Netz war wieder komplett weg. Wie abgetaucht in den Untiefen des Meeres. Und ich hatte Sabine und die Kinder nicht mal gehört!

Hilflos krampfte ich meine Hand um das Handy. Ich schwitzte inzwischen so stark, dass mir das T-Shirt zwischen den Schulterblättern klebte wie eine zweite Haut. Salzige Rinnsale liefen mir die Schläfen runter, fanden ihren Weg irgendwie in meine Mundwinkel.

„Schüller!!“, schrie ich auf das Handy ein, als könnte er mich so hören. „Schüller!!!“

In dem Moment erwachte ich. Und diesmal wirklich. Zunächst realisierte ich es gar nicht. Wo war ich? Was war passiert? Und vor allem: Was war wahr? Dass ich hier aufrecht im Bett sass, schwitzend wie ein Schwein? Oder die beiden Telefonate? Was davon? Ich erhob mich. Langsam und doch zu schnell. Mein Schädel bestrafte mich mit einem stechenden Schmerz.

„Jean? Alles in Ordnung mit Ihnen?“, hörte ich Carlos von oben rufen. Ich kniff mich sicherheitshalber in den Unterarm. Ich war wach. Mein Handy lag auf meinem Nachttisch. Das Display schwarz. Es tat keinen Mucks, so sehr ich auch drückte. Ich hatte einen Albtraum gehabt. Besser gesagt, gleich zwei. Schüller und Becker. Mannomann, dachte ich und atmete tief auf. Es ist nichts passiert. Gar nichts. Trotzdem war mir hundeelend zumute, als ich wenige Minuten später Stufe für Stufe vorsichtig zurück zu Carlos an Deck kletterte.

Oben angekommen, atmete ich erst mal tief ein und aus und genoss die Weite.

Carlos sah mich besorgt an. „Sie haben ja geschrien. Was ist denn los?“

Und dann fing ich an zu reden. Ich erzählte ihm von Becker und dass ich mich, seit dieser Mann Teil meines Teams war, in ständiger Bedrohung fühlte. Ich wusste um meine Qualitäten, das schon, doch Becker, so sagte ich Carlos, schaffte es immer wieder, mich zu verunsichern.

„Klingt so, als seien Sie gerade im Traum Ihrem grössten Widersacher begegnet“, stellte er fest.

„Das können Sie laut sagen“, entgegnete ich. „Es ist wie in einem Film, wenn die Guten und die Bösen aufeinandertreffen. Man weiss, dass die Guten eigentlich stark sind und gewinnen könnten. Doch man ist sich bis zur letzten Minute nicht sicher, ob ihre Kräfte ausreichen oder ob sie aufgeben und in die Knie gehen.“

Carlos nickte. „Was halten Sie davon, wenn Sie Ihren eigenen Film, Ihren Blockbuster, mal ganz schnell abkürzen und nicht bis zur letzten Minute warten?“

Ich sah ihn verständnislos an. Eine Möwe flog kreischend ein paar Kreise über unsere Köpfe hinweg in der Hoffnung, dass wir sie fütterten. Als sie bemerkte, dass wir nichts dergleichen taten, zog sie wieder ab. „Was meinen Sie damit?“

„Sagen wir so, ich habe die Erfahrung gemacht, dass unsere Ängste im Prinzip Wünsche sind.“

Ich runzelte die Stirn. Das hatte ich ja noch nie gehört. Warum sollten wir uns etwas wünschen, das uns in Wahrheit beängstigte?

„Besser gesagt: Ängste sind unsere negativen Wünsche", ergänzte Carlos. „Unser Gehirn versteht jedoch keine Verneinung." Oha, jetzt entpuppte sich Carlos auch noch als Neurowissenschaftler. Kaum schoss mir der Gedanke durch den Kopf, kassierte ich auch schon wieder diesen murrigen Blick von Carlos. Wie machte der das bloss?

„Okay, fahren Sie Auto?", fragte er.

„Klar, leidenschaftlich gerne", antwortete ich.

„Sportwagen nehme ich an." Und wieder Volltreffer.

„Haben Sie schon mal an so einem Sicherheitstraining teilgenommen?", fragte er weiter.

„Oh ja, zwei Tage Hockenheimring mit den Arbeitskollegen. Mann, war das ein Spass."

„Gut, dann sind Sie ja auch darin ein Profi." Mir gefiel sein Unterton nicht, aber ich liess ihn weiterreden. „Was hat der Instruktor Ihnen gebetsmühlenartig eingetrichtert, wenn Ihr Auto ins Schleudern kommt und Sie auf eine Pylone zusteuern?"

Ich erinnerte mich. „Nicht auf die Pylone schauen, sondern auf den freien Weg. Dort, wo ich hinfahren will. Wenn ich nämlich auf die Pylone schaue, steuere ich unbewusst auf sie zu und werde sie ziemlich sicher genau erwischen."

„Und genauso funktioniert das Leben, mein Freund", sagte Carlos fröhlich und klopfte mir auf die Schulter.

„Wir haben Angst und steuern genau auf das in unserem Leben zu, was wir nicht haben wollen. Die Pylone, den finanziellen Ruin, den Karriereknick, die Einsamkeit. Es ist ähnlich wie die Situation, die wir heute Mittag erlebt haben. Sie haben Widerwillen gespürt, grosse Widerstände, mit mir an Land zu gehen. Erinnern Sie sich?"

Natürlich, es war ja erst ein paar Stunden her. Lieber wollte ich die ganze Sache allerdings vergessen.

„Genauso ist es mit den Ängsten auch", fuhr Carlos fort. „Das, was uns draussen widerfährt, ist immer ein Spiegel dessen, wie es tief in uns drinnen aussieht. Die meisten Menschen haben nur eine vage Vorstellung von dem, was sein sollte, also ihren Zielen und Träumen. Sie haben jedoch im Gegensatz dazu eine sehr klare Idee, was nicht sein darf, also ihre Ängste. Dummerweise blendet unser Gehirn das Wort ‚nicht' aus und erfüllt den stärksten und klarsten Wunsch. Und interessanterweise sind gerade die Menschen, die uns den grössten Ärger bereiten, oft unsere grössten Lehrmeister. Denn Sie zeigen uns, wo wir gerade stehen."

„Moment, Moment, das geht mir ein bisschen schnell." Es konnte an den Nachwirkungen des Alkohols liegen, an meinem Traum, der Tatsache, dass wir keinen festen Boden unter den Füssen hatten, sondern quadratmeterweise schwankendes Holz ... Jedenfalls wirbelte in meinem Kopf gerade alles durcheinander.

„Also, noch mal zum Mitschreiben", sagte Carlos und zwinkerte mir zu. Dann heftete er den Blick wieder auf den Horizont und hielt Kurs. „Alles, was wir erleben, hat immer mit uns selbst zu tun. Die Freuden, die wir erleben, genauso wie die Herausforderungen, die Unsicherheiten oder auch der Ärger, der Zorn und die Wut. Wir gehen immer mit der Welt um uns herum in Verbindung und in Reaktion. Den einen freut, was dem anderen völlig gleichgültig ist. Der eine ärgert sich über etwas, das dem anderen nichts ausmacht. Nehmen Sie ein Gänseblümchen am Wegesrand. Der eine bleibt stehen und denkt sich: ‚Was für eine schöne Blume. So zart.' Ein anderer rast mit quietschenden Reifen daran vorbei und sieht das Blümchen gar nicht, weil er seinen Fokus darauf gerichtet hat, auf der Strasse zu bleiben. Sie wiederum scheinen Angst davor zu haben, dass Ihr Kollege Ihre Karriere beendet. Jemand anderes ohne diese Angst würde sich wohl eher über sein Verhalten amüsieren. So reagiert jeder von uns anders auf das, was jeden Tag passiert."

Uff, der hatte gesessen. 1:0 für Carlos. Ich spürte ein Ziehen in meiner Magengegend. Mir fehlten die Worte.

Er sah mich kurz an, ob ich ihm folgen konnte. Dann fuhr er fort. „Sie, Jean, finden dieses Schiff vielleicht hässlich und alt.“ Woher wusste er, was ich gedacht hatte, als ich die Corazón zum ersten Mal sah? War das so offensichtlich? „Ich dagegen liebe dieses Schiff. Sie hat mich immer zuverlässig überall dorthin getragen, wo ich hinwollte.“ Wie zur Bekräftigung klopfte er auf das Steuerrad. „Gracias, mein Mädchen, muchas gracias.“

Er bekreuzigte sich, küsste seine Fingerspitzen und machte eine Bewegung, als wolle er den Kuss in Richtung Himmel werfen. Wie die südländischen Fussballspieler vor dem Anpfiff, dachte ich. Einen Moment noch hielt er inne, bevor er weitersprach. „Wissen Sie, ich war nicht immer Skipper auf diesem Boot. Ich habe auch meine Erfahrungen gemacht. Und eine der eindrücklichsten Erfahrungen, die ich gemacht habe, war, dass ich mir selbst mein grösster Gegner bin. Wir sind unser grösster Feind, wir allein! Wir wissen es nur nicht! Wir halten die anderen Menschen da draussen für die Bösewichte – und uns selbst für das arme Würstchen und Opfer. In Wahrheit unterliegen wir einem Trugschluss. Wir tragen den entscheidenden Teil zu unserem Schicksal bei. Wir müssen anfangen, die Geschehnisse als Resultate anzuerkennen. Resultate unserer Handlungen, unserer

Gedanken. Wir müssen uns bewusst werden, was wir denken, und die Verantwortung dafür übernehmen."

Carlos wurde von Wort zu Wort energischer und seine Hände flogen in guter südländischer Manier durch die Luft. Er beruhigte sich, sah mir tief in die Augen und wiederholte: „Übernehmen Sie Verantwortung für Ihre Gedanken."

„Aber wie soll ich das denn machen? Denken, bevor ich denke?", platzte es aus mir heraus.

Carlos holte ein Blatt Papier, drückte mir einen Stift in die Hand und sagte: „Indem Sie hier die Zahlen 90 und zehn ganz gross draufschreiben."

Ich tat wie befohlen und schaute ihn fragend an.

„90 Prozent einer Situation haben mit Ihnen zu tun. Nur zehn Prozent mit den äusseren Umständen. Und jetzt habe ich Hunger, und wie! Sie auch?" Er warf den Anker aus, bat mich zu kontrollieren, dass sich die Ankerkette nicht in der Winde verfing, und ging dann unter Deck. „Mal sehen, was ich uns Schönes brutzeln kann", hörte ich ihn noch sagen. Dann folgten Geklapper und fröhlicher Singsang.

„Ach, eines beschäftigt mich aber noch", rief ich runter. „Warum gerade 90 Prozent?"

„Weil Sie die Tatsache, dass es 100 Prozent sein könnten, in Ihrem aktuellen Zustand überfordern würde!“, rief er mir entgegen. Ich konnte sein Grinsen regelrecht spüren.

Ich blieb noch einen Moment oben sitzen und schaute auf die Wellen.

Eine halbe Stunde später deckten wir den Tisch. Carlos hatte uns ein duftendes und sehr köstliches Omelett aus Eiern, Tomaten, Zwiebeln, Schafskäse und Oliven gezaubert. Komisch, dachte ich, die ganzen Zutaten habe ich vorhin bei meiner Inspektion des Kühlschranks gar nicht gesehen. Da fiel mein Blick auf ein Foto an der Wand über der Sitzbank. Es zeigte Carlos als jüngeren Mann, vielleicht Mitte vierzig. Daneben zwei weitere Männer und ein älterer Herr. Vom Aussehen her konnten es sein Vater und seine Brüder sein. Die vier hielten stolz einen riesigen spanischen Schinken in die Kamera, an dem eine goldene Plakette hing. Das Ganze sah nach einer Preisverleihung aus. Hatte er das gemeint mit seinen Erfahrungen? Ich wurde immer neugieriger auf diesen Mann.

Carlos grinste nur verschmitzt, als er meinen Blick sah. Er sagte nichts, sondern ass genüsslich und wischte sich ab und zu mit einer Papierserviette den Mund ab.

Die Diskussion vor dem Essen liess mich nicht los und ich musste einfach fragen. „Wie schaffe ich es denn, dass ich meine Gedanken kontrolliere?“

„Indem Sie Ihre innere Haltung zum Leben ändern. Dann denken Sie andere Gedanken. Es mag vielleicht ein bisschen komisch klingen, aber es ist so. Es kommen dann wahrscheinlich nicht zu 100 Prozent positive Gedanken, denn das Leben ist ja auch zum Lernen da. Wir sind, das ist zumindest meine Erfahrung, hier, um zu wachsen und uns zu entfalten. Doch wenn Sie Ihre Haltung innerlich ändern, dann verändert sich auch automatisch Ihr Leben im Aussen. Das ist ein Gesetz. Ich könnte es auch so sagen: Wenn Ihr Chef Sie anschreit, dann zeigt das Ihnen nur, was Sie im Inneren mit sich selbst anstellen. Wann hat Ihnen das letzte Mal jemand gesagt, dass Sie nutzlos sind?"

Die Frage überraschte mich. Ich wollte gar nicht antworten, doch dann kam das Bild in mir hoch und es platzte einfach aus mir heraus: „Mein Mathelehrer in der 5. Klasse. Der Typ war abscheulich. Den haben alle gehasst." Ich erschrak.

„Vor über 35 Jahren also", bemerkte Carlos mit ruhiger Stimme. „Wir machen Erfahrungen in unserem Leben – und die prägen uns. Nicht immer zu unserem Vorteil. Wer ist es, der zu Ihnen sagt: Du bist nutzlos? Ist es wirklich der Kollege? Woher kommt die Stimme? Wann immer sich jemand negativ zu uns verhält, verhalten wir uns in Wahrheit exakt so zu uns selbst. Wir schreien uns selbst an. Wir machen uns selbst klein. Wir lauschen der Stimme in unserem Kopf und glauben ihr einfach. Und schlussendlich suchen wir die Bestätigung da draussen." Wieder flog seine Hand durch die

Luft. „Die einen verhalten sich so, dass sie tatsächlich angeschrien werden. Andere sehen in jeder Ecke die Gefahr und sind allzeit bereit für den Kampf. Auch hier das Echo! Das ist das wahre Gefängnis, in dem sich die meisten Menschen befinden. Und erst, wenn man es schafft, sich daraus zu befreien – dann fängt das wahre Leben an. La pura vida."

„Erzählen Sie mir von sich", bat ich ihn. Jetzt war ich doch wirklich neugierig auf seine Erfahrungen.

Er gähnte und klopfte sich auf sein Bäuchlein. „Das werde ich, aber nicht jetzt." Er war sichtlich zufrieden mit seinem Leben. „Noch ein kleines Verdauungspäuschen, dann fahren wir weiter."

Wie war das mit dem Rhythmus gewesen, von dem Carlos gestern gesprochen hatte? Anspannung, Entspannung. Pause machen. Weiterfahren. Mit frischer Kraft. Es machte Sinn. Und ich hatte vor dem Essen ja wirklich einen Moment grosser Anspannung erlebt. Ich hoffte nur, dass die Pause nicht zu lange dauerte und Carlos nach dem Essen gleich weitersegelte.

5

Zu meiner Erleichterung lichteten wir gleich nach dem Essen den Anker und fuhren los. Carlos hatte auf ein Schläfchen verzichtet, obwohl er mich darauf hingewiesen hatte, dass zu jeder guten Mahlzeit auch ein anschliessender Verdauungsschlaf gehörte. Siesta!

In Panama vielleicht, dachte ich, und es galt sicher auch nur für die, die es sich leisten konnten. Es gab zwar auch bei uns in der Firma schon seit längerer Zeit diesen ominösen Ruheraum, in dem eine Liege und ein bequemer Ledersessel mit Massagefunktion standen. Eine milde lächelnde Buddha-Figur aus Metall, ein Poster mit aufeinander gestapelten Steinen an einem Seeufer und ein leise plätschernder Zimmerbrunnen gaben dem Ganzen einen fernöstlichen Touch. Der Raum war dafür gedacht, dass man einen kurzen Powernap machen oder sich eine Auszeit nehmen konnte. Kreativitäts- und leistungssteigernd sollte das angeblich wirken. Ich persönlich hielt diese Wohlfühltrends für etwas, das sich unsere HR-Leute auf die Employer-Branding-Fahne schrieben, nicht mehr. Gelebtes Wellbeing und echtes, entspanntes Arbeiten liefen meiner Meinung nach anders ab. Mich würde jedenfalls niemand da reinbekommen, in diesen Pseudo-Erleuchtungsraum.

Das Wetter war traumhaft und unter normalen Umständen wäre auch meine Stimmung fantastisch gewesen. Rechter Hand waren Umrisse des Festlands zu erkennen, hier und da kleinere Buchten. Zu unserer Linken lag ein kleines Eiland. Sehr idyllisch sah das aus, wie im Reiseprospekt. Hier mal mit Sabine hin, nur wir beide, ohne die Kinder, dachte ich. Ich machte wirklich gerne Urlaub zu viert, doch Sabine und ich hatten schon lange keine reine Paarzeit mehr miteinander erlebt. Ich wusste, dass das wichtig war, sonst verbrachte man zwar Lebenszeit miteinander, lief aber bei genauerem Hinsehen auf zwei parallelen Gleisen. Zwei Schienen, die sich überhaupt nicht berührten oder nur selten. Wie zwei Kreise, die keine Schnittmenge hatten oder nur eine sehr kleine.

Das Ganze ging so lange gut, bis ein Ereignis – entweder von aussen oder auch ein innerer Anstoss – plötzlich und mit entschiedener Unausweichlichkeit das Aus einläutete. Ich hatte es oft genug in unserem Bekanntenkreis erlebt. Da wollte ich nie hin.

Ich notierte innerlich: Auszeit mit Sabine nehmen. In diesem Moment überflutete mich ein Moment der Dankbarkeit, dass wir es überhaupt bis hierher geschafft hatten. Zehn Jahre glückliche Ehe. Ja, doch, man konnte uns glücklich nennen. Dass Sabine all das mitgetragen hatte, was dazu nötig gewesen war: ihren eigenen Job, die Kinder, den Haushalt … Ich musste ihr das unbedingt mal sagen. Ich fügte auf meine innere Liste hinzu: Sabine Danke sagen.

„Sehen Sie die drei Palmen da? Auf die bin ich mit meinen Brüdern früher öfters hochgeklettert. Wer als Erster bei den Kokosnüssen war!“ Carlos lachte bei der Erinnerung daran.

„Achtung, fahren Sie nicht so nah ran!“, rief ich. Ich wollte ihn ja nicht in seinen Kindheitserinnerungen stören, aber ich hatte auch keine Lust, auf Grund zu laufen. Warum musste ich das eigentlich sagen? Warum musste ich schon wieder an so etwas denken? Er war doch der erfahrene Skipper.

„Wer als Erster oben war und die erste Nuss auf den Sand fallen liess, war für den Tag der Kokosnuss-König! Mein Vater hat uns gezeigt, wie man die Dinger am schnellsten knackt.“ Kkkrrraaaaccckkkk, machte es da plötzlich, gerade in dem Moment, als Carlos das letzte Wort gesagt hatte. Ein Ruck ging durch den Schiffsrumpf und das Geräusch, das der Mast von sich gab, als das Schiff zum Halten kam, hörte sich gar nicht gut an. Ich sah an ihm hoch. Er stand noch. Gott sei Dank.

„Sagen Sie bitte nicht, dass das wahr ist!“, rief ich. „Sagen Sie nicht, dass wir uns festgefahren haben!“

Carlos hörte mich nicht. Er war längst zum Bug gelaufen und beugte sich auf der Backbordseite über die Reling.

Mit hilflos erhobenen Armen kam er zurück. Ich hörte ihn nur grimmig zu sich selbst sagen: „Was hat er jetzt wieder angezogen?“ Laut rief er zu mir: „Ich kann mir das nicht erklären! Hier dürfte es überhaupt keine Untiefen geben. Weder sind welche in der Karte verzeichnet, noch gab es hier früher welche.“

„Herrgott noch mal“, entfuhr es mir, „schauen Sie denn nicht auf das Echolot?“

Wo hatte unser Schiff eigentlich die Anzeige für die Tiefe? Ich konnte von dort, wo ich stand, das Steuerrad und die Armatur erkennen. Von einem Echolot keine Spur.

Mir sank das Herz in die Hose und meine Stimmung in den Keller. Auch das noch! Das durfte doch jetzt nicht wahr sein. Stand diese Reise unter einem schlechten Stern, oder was? Hatte ich den dümmsten Skipper aller Zeiten erwischt? War irgendwo oben im Aussichtskorb eine versteckte Kamera aufgebaut? Allmählich fühlte ich mich so. Jeden Moment würde der Moderator mit einem strahlenden Lächeln vom Mast herunterrutschen, mir verkünden, dass alles nur Spass gewesen sei und dass ich mich echt gut geschlagen hätte.

Doch es kam kein Moderator den Mast heruntergerutscht, und die Möwe, die es sich soeben oben im Korb bequem machte, war wohl auch nicht bei einem Fernsehsender angestellt.

Carlos liess die Badeleiter am Heck ins Wasser und kletterte von Bord. „Das Wasser reicht nur bis zur Hüfte. Kommen Sie!"

Na, grossartig, dachte ich. Sollen wir jetzt nach Costa Rica laufen, oder was?

Panik ergriff mich plötzlich. Wenn ich mich richtig erinnerte, ging in drei Stunden mein Meeting los! Ich lief unter Deck und holte mein Handy, steckte es hinten in die Hosentasche, auch wenn es leer war. Es gab mir Sicherheit, es dabeizuhaben. Lieber wäre es mir allerdings gewesen, ich hätte mit Sicherheit sagen können, dass wir in drei Stunden an unserem Ziel waren.

Carlos war schon einige Schritte aufs Ufer zugelaufen. Ich folgte ihm, zornige Laute ausstossend. Die Insel war etwa einen Kilometer breit. Hinter dem Sand und den Palmen standen hohe Bäume. Zu ihren Füssen dichtes Gebüsch. Wieder mal ein Urwald, dachte ich, wie in unserer

Nothaltebucht letzte Nacht. Hütten oder Häuser waren keine zu sehen. Auch kein menschliches Wesen.

„Die Palmen haben tatsächlich noch die gleiche Form wie in meiner Jugend", sagte er versonnen mit Blick nach links zu der Palmengruppe.

„Ehrlich, Carlos, das ist mir gerade ziemlich egal! Denn ICH sehe ziemlich ALT aus, wenn ich nicht in meinem eigenen Meeting auftauche!" Fast hätte ich noch hinterhergerufen: „Wo haben Sie eigentlich Ihren Bootsschein gemacht?" Doch das verkniff ich mir. Es machte die Lage auch nicht besser.

Als wir den Strand erreicht hatten, drehte sich Carlos um. Die Corazón hatte sich leicht zur Seite geneigt, als hätte sie den Kopf schief gelegt und wollte uns fragen: „Und, ihr Schlaumeier, was machen wir jetzt? Was habt ihr jetzt vor?"

Und genau das fragte ich Carlos: „Was machen wir jetzt?"

„Ich weiss es noch nicht", gab der Skipper ehrlich zu. „Ich denke nach."

„Dann denken Sie mal in Ruhe weiter nach, ich sehe zu, ob ich hier irgendjemanden auf der Insel finde, der uns helfen kann!", schrie ich genervt und wollte losstapfen.

Er hob die Hand. „Warten Sie. Ich hatte gerade einen Gedanken, den ich mit Ihnen teilen möchte. Ist es nicht erstaunlich?“

„Was?“, fragte ich. Meine Geduldsseile waren gerade nicht mehr die stärksten.

„Für manche Menschen ist die Reise zu einer einsamen Insel der Traum. Sie wünschen sich Ruhe und Frieden und glauben, dass sie das nur an einem Ort wie diesem erleben könnten. Abgeschieden. Abgeschnitten vom Rest der Welt. Andere würden sagen: Wir sind gestrandet. Wir sind hilflos. Zwei Seiten ein und derselben Medaille. Interessant, oder?“

„Ja, ja, sehr interessant“, sagte ich schnell. „Ich gehöre eher zu letzterer Fraktion. Wenn wir nicht sofort Hilfe holen, dann können wir bis zum Rest unseres Lebens Kokosnüsse essen! Und ich bezweifle, dass unser Leben hier auf dieser Insel lang sein wird.“

„Oh, Kokosnüsse sind sehr nahrhaft. Und ihre Milch ist wie Wasser. Eine gute Alternative.“

Ich hob die Arme, fassungslos darüber, dass er in solch einer vertrackten Situation so seelenruhig blieb. Vom Aussitzen hatte sich noch kein Problem gelöst. Strategisches Handeln war jetzt gefragt. „Also, los, dann gehen Sie uns doch bitte ein paar Kokosnüsse holen. Aber passen Sie auf, dass Sie nicht von einer erschlagen werden! Ich brauche Sie noch auf der Weiterfahrt." „Wenn es jemals eine Weiterfahrt geben wird", setzte ich knurrend hinzu. Dann drehte ich mich um und lief los. Ich hatte zwar keine Ahnung, was mich in dem Urwald hinter dem Strand erwartete, aber alles war besser, als sich tatenlos unter eine Palme zu legen.

Ich betrat den Wald und lief unter dem dichten Blätterdach einfach aufs Geratewohl geradeaus. Diesmal gab ich acht, dass zu meinen Füssen nicht wieder Stacheldraht auftauchte. Es dauerte nur etwa eine Viertelstunde, dann hörte ich Geräusche. Es klang wie das Wummern von Bässen. Beim Näherkommen hörte ich kehliges Lachen und einzelne Worte in einer Sprache, die ich nicht verstand. Ich begann instinktiv, mich anzuschleichen. Wie früher als Junge beim Cowboy-und-Gendarm-Spiel duckte ich mich und setzte leise einen Fuss vor den anderen. Zweige knackten unter mir. Zum Glück waren sie glatt und schnitten mir nicht die Haut auf. Auch der Sand darunter war warm und weich.

Nach einer Weile sah ich sie. Eine Horde wild aussehender Männer in Badeshorts und ärmellosen Shirts. Manche von ihnen hatten einen nackten Oberkörper. Allen gemein war, dass sie tätowiert waren – und das nicht zu knapp. Hier hatten sich ein oder mehrere Künstler ordentlich ausgetobt, schoss es mir durch den Kopf. Wahrscheinlich waren es Freunde, die gemeinsam einen Ausflug machten.

Über einem kleinen Feuer hingen Spiesse. Der Duft von gebratenem Huhn drang zu mir herüber. Im Hintergrund konnte ich ein Motorboot erkennen. Ein Motorboot! In mir drinnen jauchzte etwas und führte einen Freudentanz auf. Gerettet, wir waren gerettet!

Auf einmal sprang mir etwas auf den Rücken und krallte sich an meinem T-Shirt fest. Ich schrie auf, denn etwas Scharfes ritzte meine Haut darunter auf. Das Tier schrie auch auf, es hatte sich wohl so erschrocken wie ich, machte einen Satz von mir runter und landete vor mir auf dem Pfad. Jetzt konnte ich sehen, was es war: ein Äffchen. Nicht mal so gross wie mein Unterarm, hellgrau mit rundem Köpfchen. Mit seinen schwarzen Augen, die sehr gescheit wirkten, musterte es mich neugierig.

„Hola!", rief einer der wilden Männer, die sich bei meinem Schrei zu mir umgedreht hatten. Den Rest, den er sagte, verstand ich nicht.

Ich signalisierte es mit einer Geste und grüsste zurück: „Hello."

Er kam auf mich zu. Drei weitere Männer mit Bierdosen in den Händen umringten ihn. Sie sahen aus, als hätten sie die letzten zwei Wochen nur Party gemacht. Entweder hatten sie sich eine Auszeit von ihren Frauen genommen und sich seit Tagen nicht gewaschen und rasiert. Oder sie waren nicht ganz gesetzestreu … Im Dunkeln wollte ich ihnen jedenfalls nicht begegnen. Mein Bauchgefühl rief mir ein leises „Vorsicht“ zu, doch ich ignorierte es. Bauchgefühl war was für Mädchen, und nur Typen wie Schüller hätten jetzt wieder als Erstes dran gedacht, dass irgendeine Gefahr im Raum stand.

Diese Männer hier waren Menschen wie ich, und im Moment waren sie ausser mir die einzigen Menschen hier auf der Insel. Besser als nichts.

Der kleine Affe war dem grössten der Männer auf die Schulter gesprungen und bekam von ihm eine Erdnuss, die er sofort knackte.

„Hello, my friend and I, we had an accident“, sagte ich. Dazu liess ich meinen rechten Arm kreisen. „S.O.S.! Do you understand? We need your help“, wiederholte ich, zeigte in die Richtung, in der unser Boot lag, und hoffte, dass einer der Männer Englisch verstand.

Der Mann mit dem Affen schaute über meine Schulter, sah aber nichts. „Your friend, where?“, fragte er in gebrochenem Englisch zurück. Sein schwarzes Haar reichte ihm bis zu den Schultern.

Ich schüttelte den Kopf. „My friend is on the other side! Only 15 minutes from here.“ Was hiess noch mal „festgefahren“

oder „manövrierunfähig“ auf Englisch? Ich wusste es nicht. „Our boat is blocked“, sagte ich stattdessen und fuchtelte mit meinen Armen. „You have a motor boat.“ Ich deutete auf ihr Schiff. „You can pull us back into the deeper water!“ Warum kam ich mir gerade vor wie der letzte Depp, der mit seinen Armen und Händen eine eigene Sprache entwickelte?

Die Männer sahen sich an. Der erste schien der Anführer der Truppe zu sein. Er rief etwas zu denen, die noch am Feuer sassen. Fünf Minuten später trampelte ich mit einer Horde wilder Männer zurück durch den Wald zu Carlos. Der Anführer war zusammen mit zwei anderen zu ihrem Boot gegangen.

Carlos traute seinen Augen nicht, als er mich sah. Er grüsste die Männer. Allerdings nicht sehr freundlich, wie ich fand. Was hatte er denn? Er konnte doch froh sein, dass Hilfe kam! Ohne die Männer wären wir verloren gewesen.

Die Corazón lag immer noch auf der Seite. Wenn ich es richtig erkannte, lag sie nun sogar noch schräger da als vorher, so als hätte sie Schmerzen.

Immerhin konnte sich Carlos in seiner Sprache mit den Männern verständigen. Ich selbst las die Bedeutung der hin und her fliegenden Worte eher aus den Handbewegungen aller Beteiligten.

Der Anführer und zwei der Männer liefen los, während die anderen sich gemütlich auf unserer Seite der Insel niederliessen, rauchten und ihre Bierdosen leerten. Ich bemerkte, dass Carlos kurze, besorgte Blicke zu der Gruppe hinüberwarf.

„Was haben Sie denn?", raunte ich ihm zu. Es ärgerte mich, dass er über meine doch wirklich schnell herbeigeschaffte und gute Lösung nicht so happy war wie ich.

„Ich kenne die Kerle. Ein paar Kollegen hatten schon mit denen das Vergnügen. Draussen auf hoher See", erwiderte er leise.

„Also, das verstehe ich jetzt nicht. Sie sagen doch immer, dass man die guten Dinge anzieht. Wir haben eine Lösung gesucht – hier ist sie! Vertrauen, Carlos, Vertrauen!", sagte ich und boxte ihn ironisch in die Seite. Er schien nicht überzeugt, sagte aber nichts mehr. Was soll schon passieren, dachte ich. Sie würden uns aus dem seichten Wasser ziehen mit ihrem Boot, wir würden uns artig bedanken und sie machten mit ihrem BBQ weiter.

„Lassen Sie uns schon mal an Bord gehen", sagte Carlos, klopfte sich den Sand vom Hintern und watete durch das Wasser auf unser Boot zu. Ich folgte ihm. Hinter uns hörte ich die Männer laut lachen. Irgendetwas schien sie zu amüsieren.

Es dauerte nicht lange, da ertönte das Motorengeräusch eines Bootes. Und tatsächlich, da kam das Schiff mit den drei Männern auch schon um den Rand der Bucht gebogen und steuerte auf die Corazón zu.

„Ich gehe unter Deck und verstecke meine Wertsachen."

„Jetzt, aber – Carlos!", rief ich ungläubig. „Glauben Sie allen Ernstes, die Männer würden uns ausrauben? Sie kommen doch nicht mal zu uns an Bord. Sehen Sie, die sind auf ihrem Schiff – wir auf unserem!"

Carlos warf mir einen Blick zu, der so viel sagte wie: Mach du nur. Dann ging er unter Deck. Ich blieb oben. Ich hatte mein Handy in meiner Hosentasche, mein Portemonnaie auch. Meinen Koffer mit Businessanzügen würden sie ja wohl kaum klauen, dachte ich amüsiert. Ich stellte mir diese wild aussehenden Herren in einem Meeting vor und musste ganz kurz grinsen.

Neugierig sah ich zu, wie sie unser Schiff mit dem ihren verknoteten. Sie schienen öfters an anderen Booten festzumachen. Einer von ihnen winkte mir zu. Der Anführer sprang sportlich zu uns an Deck und kam auf mich zu. „Carlos!", rief ich, jetzt doch ein bisschen verunsichert. „Carlos, ich glaube, Sie werden gebraucht!"

Carlos kam hoch, ging ans Steuer und startete den Motor. Seine Miene verriet nicht, was er dachte.

Die Befreiung der Corazón ging erstaunlich leicht. Was ein Motorboot so alles konnte. Sollte ich jemals meinen Bootsführerschein machen, würde ich mir ein Motorboot kaufen. Eins mit allen Schikanen.

Als wir tieferes Gewässer erreicht hatten und die beiden Männer an Bord des fremden Schiffes die Daumen hoben, wollte ich gerade meinen Dank aussprechen, da schaute sich der Fremde interessiert auf unserem Boot um. „Schönes Schiff!“, sagte er zu Carlos. Immerhin, das verstand ich. Bevor ich das nächste Mal nach Costa Rica reiste, würde ich einen Online-Kurs in Spanisch machen, dachte ich. Sprachen beherrschen machte einfach souveräner. Und Schüller könnte dann endlich nicht mehr kommen mit seinem „übers Ohr hauen“.

„Darf ich runtergehen?“, fragte der Langhaarige und zeigte unter Deck.

Carlos warf mir einen finsteren Blick zu. „Cierto“, sagte er, wenig begeistert. Zu mir sagte er sehr leise: „Jetzt geht's los.“

Was meinte er? Der Fremde hatte doch immerhin gefragt.

Wir folgten dem Mann. Ich verstand immer noch nichts. Warum schaute er sich unseren alten Kahn an? Sein eigenes

Boot war doch viel eindrucksvoller und schneller, dachte ich. Der Mann studierte aufmerksam die Einrichtung, die Seekarten, die Bilder an der Wand. Dann schaute er ins Bad und ging anschliessend in meine Koje. Ich dachte mir nichts dabei. Bis – er meinen Laptop plötzlich in Händen hielt.

„Ähm, halt – please, that's my laptop. Would you, please, be so kind and put it back? Or give it to me?" Der Mann tat nichts dergleichen, sondern klappte das Gerät auf und schaute sich neugierig die Tastatur an. Ich schloss kurz die Augen. Hoffentlich drückte er nicht wild auf den Tasten herum und löschte wichtige Dateien! Das ganze Costa-Rica-Projekt war darauf, und nicht nur dieses eine. Alle!

„Okay, Gentlemen", sagte er plötzlich laut und grinste uns an. Er sagte etwas auf Spanisch zu Carlos und ich merkte, wie der erblasste. „We have helped you", sagte er zu mir gewandt. „Now which price do you pay us?"

Wie, was, bezahlen? Davon war doch überhaupt nicht die Rede gewesen? Was wollte er denn jetzt auf einmal? Und überhaupt sollte er meinen Laptop endlich wieder rausrücken. „Would you, please, hand me my laptop, before we continue our conversation?", fragte ich und versuchte höflich zu bleiben, obwohl mein Herz raste. Er dachte gar nicht daran, sondern klappte meinen Laptop zu und nahm ihn fest unter seinen Arm.

„Was habe ich Ihnen gesagt?“, raunte mir Carlos zu. „Das sind üble Typen.“

Bevor ich antworten konnte, wurde der Mann lauter und auf einmal auch deutlich unfreundlicher. „What is the price you pay us for helping you!“ Das klang nicht mehr nach einer Frage, sondern nach einer deutlichen Forderung.

„If you don't pay the price“, sagte er und tippte auf den Laptop. „I take this, and we leave. Very simple.“

„No!“, sagte ich schnell. Nichts war hier simple. Auf gar keinen Fall konnte er meinen Computer mitnehmen.

„How much do you want?“, fragte ich und zog mit plötzlich sehr zittriger Hand mein Portemonnaie aus der Hosentasche. An Bargeld waren darin nur die 20 Euro, die ich schon in der Bar dabeigehabt hatte.

Der Mann lachte mich aus, als er den Schein sah. „Oh no, no, no!“

Ich wollte ihm meine Kreditkarte geben. Doch er winkte ab. „Only cash.“

Dann sagte er wieder etwas zu Carlos auf Spanisch. Der sah mich an. „Er sagt: Entweder er nimmt den Laptop mit. Oder sie ziehen unser Boot wieder an die Stelle, wo es festgesteckt hat. Dann sollen wir sehen, wo wir bleiben."

Ich atmete aus und liess beide Arme sinken. Das durfte doch jetzt nicht wahr sein! Wie kam dieser Typ dazu, so etwas von mir zu verlangen! Mittlerweile war mir klar, wer diese Männer waren. Piraten. Moderne Piraten. Die trugen heute keine Augenklappe mehr. Die stahlen auch kein Gold. Die nahmen Laptops. Laptops sind die neue Währung, dachte ich. Laptops und erpresserische Methoden.

„If you want to go on with your journey, you have to give me this. If not – good bye!", bekräftigte der Fremde mir gegenüber noch mal.

In mir rebellierte alles. Ich brauchte den Laptop nicht nur für das Meeting – oh, Gott, wie spät war es eigentlich? –, ich brauchte ihn auch für alle Prozesse und Aufgaben der kommenden Monate. Mir von den vielen verschiedenen Plattformen, auf denen alles gespeichert war, wieder alles zusammenzusuchen, würde eine Ewigkeit dauern. Zeit, die ich nicht hatte.

Aber sterben konnten wir hier auch nicht. Ohne Zweifel würden wir verhungern und verdursten, wenn diese Männer wieder wegfuhren. Es war niemand anderes da. Beziehungsweise hatte ich keine Lust, auf gut Glück noch einmal auf der Insel nachzusehen. Diese Männer, ausgerechnet Piraten, waren unsere einzige Rettung.

Ich nickte. „Okay. Take it“, sagte ich tonlos.

Carlos räusperte sich überrascht. Ich spürte, ohne hinzusehen, dass er mich von der Seite ansah.

„Perfect! Bye-bye!“ Der Mann hatte sich schon in Richtung Treppe gewandt, da drehte er sich noch einmal um. „And thank you for choosing our service.“ Er lachte breit. Sehr witzig, dachte ich.

Er verschwand nach oben. Carlos lief ihm nach. Ich selbst konnte nur noch auf meine Bettkante sinken und das Gesicht in meinen Händen vergraben. Als das Motorengeräusch der Piraten verklungen war und wir allein waren, kam Carlos wieder herunter.

„Vielen Dank“, sagte er. „Ich weiss, was Ihnen Ihr Laptop bedeutet. Sind Sie sicher, dass Sie die richtige Entscheidung getroffen haben?“

„Richtige Entscheidung, richtige Entscheidung, was hätte ich denn machen sollen?“ Heulen hätte ich können, doch selbst das erforderte einen Kraftaufwand, für den ich gerade keine Energie mehr hatte. „Warum haben Sie mir nicht gesagt, dass wir uns besser nicht auf einen Deal mit diesen Typen einlassen sollten?“

Carlos blieb angesichts meines Vorwurfs ruhig. „Oh, ich hatte Ihnen etwas zu diesen Männern gesagt, aber Sie wollten es nicht hören. So wie Sie auch nicht auf Ihr Bauchgefühl gehört haben, das da drinnen“, er deutete auf den Urwald, „sicher mal mit Ihnen gesprochen hat. Aber wissen Sie was? Letztlich haben Sie alles richtig gemacht.“

Ich sah ihn ungläubig an. Was meinte er damit?

„Wir stehen im Leben sehr oft vor einer Entscheidung. Wie bei einer Medaille, so haben die Dinge oder Situationen oft zwei Seiten. Wenn wir uns für eine Seite entscheiden, dann heisst das automatisch, dass wir uns gegen die andere Seite entscheiden. Eine Sache müssen wir immer loslassen, so schwer uns das manchmal fällt. Sie haben sich für den Fortgang der Reise entschieden. Und uns damit das Leben gerettet. Wer weiss, wann hier die nächsten Menschen vorbeigekommen wären? Alles richtig gemacht also.“

Er machte eine kurze Pause, dann fuhr er fort. „Manche Menschen entscheiden sich gar nicht. Und auch das ist eine Entscheidung, auch das hat Konsequenzen. Sicher kennen Sie solche Menschen, die versuchen, auf dem Rand einer Münze zu balancieren.“

Ich nickte wortlos.

„Die Frage, die sich stellt, ist doch vielmehr: Sind wir bereit, beide Seiten zu akzeptieren? Und wenn ja, worauf legen wir unseren Fokus? Auf die gute Seite oder die schlechte?"

„Auf die Gute natürlich", antwortete ich. Was er sagte, kannte ich alles schon von der letzten Weiterbildung mit so einem Strategie-Guru, den Schüller angeheuert hatte. Positives Denken hat der Mann uns zwei Tage lang gepredigt. Ich hatte damals nur darauf gewartet, dass wir uns jeden Moment an den Händen fassen und im Kreis tanzen würden. Becker war bestimmt enttäuscht gewesen, dass wir es nicht gemacht hatten.

Doch was jetzt kam, riss mich aus meinen Gedanken.

„Genau da liegt das Problem", fuhr Carlos fort. „Wir sehen nicht, dass alles eins ist. Nur unsere Interpretation und Bewertung macht etwas gut oder schlecht."

„Das ging mir jetzt doch zu schnell", sagte ich.

„Ist ein Messer gut oder schlecht?", fragte er.

„Das kommt darauf an, was ich damit mache", entgegnete ich.

„Und Strom?"

„Solange er an mir vorbeifliesst, sehr positiv“, beantwortete ich seine Frage und grinste.

„Sie haben den Nordpol und den Südpol. Welcher von den beiden ist der Gute und welcher der Schlechte?“, fragte er weiter.

„Worauf wollen Sie hinaus?“, fragte ich schulterzuckend.

„Wir Menschen sind Weltmeister im Bewerten. Wir sind so krampfhaft damit beschäftigt, alles in die Schublade ‚gut‘ oder ‚böse‘ zu stecken, dass wir nicht mehr sehen, dass doch alles miteinander verbunden ist. Tag und Nacht sind zum Beispiel zwei Seiten des gleichen. Wenn wir aufhören zu bewerten und uns auf den Gedanken einlassen, dass das, was uns widerfährt, eine neutrale Erfahrung ist, dann segeln wir viel lockerer durch unser Leben. Was wäre der Vorteil, wenn Sie Ihren aktuellen Job verlieren würden?“

In dem Moment fühlte ich mich, als hätte mich ein Blitz getroffen. Mir lief es eiskalt den Rücken runter und Wut stieg in mir hoch. Wie in aller Welt konnte er so etwas sagen? Vorteil? Hatte er sie noch alle? Hatte er eine Ahnung, mit wem der redete? Wusste er überhaupt, was er da sagte? Ich war so wütend, dass ich kein Wort herausbrachte und vor mich hin stotterte. Ich war völlig fassungslos. Wut wich der Frustration, meine Brust fühlte sich auf einmal wie zugeschnürt an. Ich bekam Panik, mein Atem stockte. Ich war ausser Kontrolle.

Plötzlich spürte ich Carlos' Hand auf meiner Schulter. „Jean, atmen Sie aus. Ganz ruhig. Einatmen, ausatmen."

Ich tat, was er sagte, kam allmählich wieder zu mir und fühlte mich auf einmal völlig ruhig. Wie war das denn jetzt so schnell gegangen?

„Also, was wäre der Vorteil, wenn man Ihnen morgen kündigen würde?"

„Naja, ich hätte wieder mehr Zeit für Sabine und meine Kinder. Ich könnte endlich wieder Sport machen, vielleicht sogar den Segelschein." Es sprudelte aus mir heraus, als mich plötzlich dieses bedrückende Gefühl wieder einholte. „Aber wie machen wir das mit der Hypothek?"

Carlos hob seine Hand. „Das war nicht die Frage. Denken Sie wieder an die Freiheiten. Nur daran."

Mein Körper entspannte sich wieder.

„Sehen Sie, was passiert, wenn Sie auch die andere Seite der Münze annehmen? Die Spannung löst sich. Sie verbinden sich mit allen Möglichkeiten und das Drama verschwindet. Erinnern Sie sich noch an den Rhythmus, von dem wir zu Beginn unserer Reise sprachen?"

Tango!, schoss es mir durch den Kopf. Ich nickte.

„Die beiden Endpunkte sind das, was wir Polarität nennen“, fuhr Carlos fort. Wenn Sie beide Extreme annehmen, dann bleiben Sie locker im Takt. Leer und voll, hell und dunkel, Liebe und Angst. Was auf den ersten Blick gegensätzlich wirkt, ist schlussendlich das Gleiche. Es ist nur eine Frage des Blickwinkels. Verdrängen wir eine Seite der Münze aber aus unserem Leben, dann entsteht ein wahnsinniger Druck. Wie bei einem Staudamm … Wir trennen uns von unserer Lebenskraft. Wir schneiden uns ab, vom Leben selbst. Verstehen Sie, was ich meine?“

Ich nickte erneut.

„Viele Menschen wollen ihre Probleme damit lösen, indem sie einfach das Umfeld wechseln – neuer Job, neue Partnerschaft, neuer Wohnort. Doch kaum sind sie dort angekommen, bauen sie wieder den gleichen Staudamm auf. Einfach noch höher und breiter. Irgendwann wird der Druck so gross, dass sie darunter zusammenbrechen. Der Schaden ist dann umso grösser – für alle.“

Carlos’ Ausführungen schienen irgendwie Sinn zu machen. „Aber woher weiss ich, ob ich gerade so einen Staudamm baue?“, fragte ich neugierig. „Woran merke ich das?“

„Indem Sie immer wieder mit den gleichen unangenehmen Situationen und Menschen konfrontiert werden. Ihr Chef und dieser Arbeitskollege scheinen Ihnen Ihr Leben nicht einfach zu machen."

„Oh ja, das war sehr diplomatisch ausgedrückt."

„Denken Sie doch mal zurück, wann Ihnen solche Charaktere früher schon mal begegnet sind."

Ich versuchte, mich zu erinnern. Herr Weiss, der BWL-Professor, und noch ein anderer unangenehmer Typ aus dem Studium …

„Es wiederholt sich und wird jedes Mal stärker, und zwar so lange, bis wir uns mit dem Thema auseinandersetzen und lernen, damit umzugehen. Die höchste Stufe ist es dann eines Tages, dass wir keine Angst mehr haben, sondern in der Liebe bleiben." Er klopfte sich sanft auf seine Brust.

„Herrje, jetzt werden Sie aber emotional, Carlos! Mit Liebe kommen Sie in meinem Business nicht weit."

„Warum eigentlich?", fragte er und sah mich provozierend an. „Vielleicht wäre alles einfacher, wenn Sie mal auf die Seite der Liebe wechselten statt länger auf der Seite der Angst zu bleiben?"

Ich wusste nicht, ob ich noch irgendwas von dem begriff, was er sagte. Ich musste das, was gerade geschehen war, erst mal verdauen. Die Sache mit den Piraten. Mein Laptop, der sich auf Nimmerwiedersehen verabschiedet hatte. Und jetzt auch noch die Liebe. Es war alles ein bisschen viel für mich.

Carlos erhob sich. „Liebe oder Angst, Jean. Eigentlich geht es immer nur darum. Und jetzt sollten wir weiterfahren. Sie wollen ja schliesslich ankommen. Wo wollten Sie noch mal hin?“

Ich sah auf. Das war jetzt nicht sein Ernst, oder? Nein, war es nicht, wie mir sein Grinsen signalisierte. Doch mich beschlich das deutliche Gefühl, dass wir auf keinen Fall pünktlich ankamen. War ich gerade dabei, meinen Job zu verlieren? Oder verlor ich vielmehr meinen Verstand?

Ich wusste es nicht. Ich wusste in diesem Moment überhaupt nichts mehr.

6

„Wie lange dauert es noch, bis wir da sind?“, fragte ich Carlos, nachdem wir einige Seemeilen hinter uns gebracht hatten und ich mich zumindest ein klein wenig beruhigt hatte. Der Fahrtwind blies uns ins Gesicht. Ich hatte das Gefühl, dass wir gut vorankamen.

Merkwürdigerweise fühlte ich mich, als hätte mir jemand einen Rucksack, der mit schweren Steinen gefüllt war, von den Schultern genommen. Es war noch keine Stunde her, seit ich den grössten Verlust in meiner beruflichen Karriere erlitten hatte – die Daten auf meinem Laptop waren für mich und meine Arbeit ein beachtlicher Verlust –, doch ich fühlte mich auf unerklärliche Weise leichter. Auch mein Kopf fühlte sich auf seltsame Weise freier und klarer an als vor Antritt dieser Reise. Seltsam.

„Ich schätze, in fünf bis sechs Stunden sind wir am Ziel“, sagte Carlos. Fünf Stunden noch? Dann war es Abend und mein Meeting längst vorbei. Ich seufzte und hoffte nur, dass die Südamerikaner geduldig waren und nicht gleich Kaskaden von Anrufen nach Deutschland losschickten, wo ich denn bliebe und was los sei. Laut Schüller war die Zeit bei ihnen ja auch sonst ein relativ dehnbarer Begriff. Hoffentlich kam mir das heute zugute.

„Wenn Sie die innere Absicht setzen, könnten wir es auch schon in drei oder vier Stunden schaffen." Was meinte er denn damit schon wieder? Er lachte, als er mein Gesicht sah. „Kleiner Scherz. Das ist der Kurs für Fortgeschrittene. Da kommen Sie auch noch hin."

Ich ignorierte seine Bemerkung. „Sie wollten mir noch etwas über Ihre Familie erzählen."

Carlos nickte, ohne den Blick vom Bug zu nehmen, der sich nach unten ins Wasser senkte und über die Horizontlinie hinweg wieder gen Himmel hob.

„Ich war auch mal in der Geschäftswelt tätig, so wie Sie."

Ich sah ihn erstaunt an. „Im Ernst?"

„Ja, im Ernst. Ich bin auch mal so ‚busy' gewesen. Auch wenn es vielleicht nicht so aussieht." Er grinste. Dann fuhr er fort. „Ich war CEO unseres Familienbetriebs. JAMÓN INTERNACIONAL. Wir waren und sind immer noch weltweit bekannt für unseren iberischen Schinken, weil wir ein besonderes Trocknungsverfahren entwickelt haben."

„Und wie kommt man vom Schinken ans Steuer eines Schiffes?“, fragte ich, immer noch sehr überrascht.

„Indem man feststellt … Nein, lassen Sie es mich von vorne erzählen“, sagte er. „Ich versuche auch, es so kurz wie möglich zu machen. Für die ausführlichere Version bräuchten wir eine Reise von mehreren Tagen.“ Er machte eine Pause von zwei, drei Atemzügen, als überlegte er, was der beste Startpunkt für seine Lebensgeschichte war. „Ich war der älteste Sohn von drei Jungen. In unserer Kultur bekommt der Älteste immer die Verantwortung und tritt in die Fussstapfen des Vaters. Ob du willst oder nicht, du bekommst diese Verantwortung. Mit allen Vorteilen, die das mit sich bringt, und mit allen Konsequenzen – einfach, weil man als Erster das Licht der Welt erblickt hat. Zumindest zu meiner Zeit war das noch so. Fünf Jahre, bevor sich unser Vater zur Ruhe setzte, übertrug er mir die Geschäftsleitung unseres Unternehmens. Ich muss dazu sagen, meiner Einschätzung nach wären meine beiden Brüder dazu genauso in der Lage gewesen wie ich. Ich bin mir auch sehr sicher, dass sie diese Position liebend gerne innegehabt hätten. Doch ich war nun mal der Älteste.“

Er nahm einen tiefen Atemzug, bevor er fortfuhr. „Ich hatte nie das Gefühl, dass mein Vater mich wirklich für diese Stelle favorisierte. Mein jüngerer Bruder ist zum Beispiel ein sehr guter Handwerker. Er kann Tag und Nacht arbeiten, ohne zu ermüden. Der mittlere wiederum ist ein guter

Stratege. Gib ihm etwas für seinen Kopf – und er löst es. Er kann sehr gut in die Zukunft blicken. Ich glaube, mein Vater hat mir die Position der Geschäftsführung im Grunde nicht wirklich zugetraut, aber er hatte keine andere Wahl. So wurde ich also CEO, mit nur 25 Jahren. Sie können sich vorstellen, wie viel Angst mir das gemacht hat, bei allem Stolz, den ich spürte. Wie ein Stier fühlte ich mich, als ich die ersten Monate in die Firma kam!" Er trommelte sich lachend auf die Brust.

„Wir hatten anfangs drei Filialen, später unter meiner Leitung 300. Natürlich über viele Jahre hinweg aufgebaut. 30 Jahre, um genau zu sein. Ich habe immer sehr viel gearbeitet. Mir wurde nichts geschenkt, wissen Sie, nur weil ich dieses Erbe angetreten hatte. Und eine ganze Weile gefiel mir mein Leben auch."

„Aber?", fragte ich.

„Der Weg, den ich ging, war nicht der, den mein Inneres gehen wollte. Mein wahres Selbst. Es war nicht der Weg des Herzens, sondern eher ein Kampf. Wie wenn Sie morgens aufstehen und wissen: Heute habe ich wieder gegen Windmühlen zu kämpfen. Und Sie wissen genau, Sie haben keine Chance, doch sie müssen in diese Arena. Die Mühlen warten schon. Natürlich gab es auch sehr schöne Momente, die will ich nicht vergessen zu erwähnen, doch über weite Strecken fühlte sich alles sehr schwer an. Für mich zumindest!

So schwer und kräftezehrend, dass ich die Erfolge, die wir feierten, kaum noch geniessen konnte. Von aussen betrachtet sah alles sehr beachtlich aus."

Er schaute wieder eine Weile aufs Meer und ich wagte nicht, nachzubohren, obwohl ich sehr neugierig war und ungeduldig auf die Fortsetzung wartete.

„Dann schoss mir das Leben vor den Bug. Vor etwa fünf Jahren hatte ich zwei Schlaganfälle in nur acht Monaten. Mein Hausarzt sagte mir: ‚Den dritten Schlaganfall, Carlos, den überlebst du nicht.' Ich wollte das erst nicht wahrhaben, spürte aber, dass er recht hatte. Nach der zweiten Attacke war meine linke Körperhälfte leicht gelähmt. Sie hat sich inzwischen wieder vollständig regeneriert, doch es war ein Warnschuss für mich. Mein Herz warnte mich davor, weiterzumachen wie bisher, und ich war gezwungen, einen ehrlichen Blick auf mich und mein Leben zu werfen. Und was ich sah, war nicht sehr angenehm."

Er sah mich an. Ich nickte verständnisvoll. Ich konnte alles sehr gut nachvollziehen, was er sagte.

„Ich merkte auf einmal, wie sehr ich mich von mir selbst entfernt und entfremdet hatte. Auch mein Umfeld war mir fremd geworden, meine Familie, meine Freunde ... Mit meiner Frau hatte ich kaum noch Gemeinsamkeiten und mit meinen Brüdern gab es ständig Streit in der Firma.

Meist waren es Kleinigkeiten, doch diese blähten sich immer so auf, dass man dachte, es ginge ums Überleben. Sie vertrauten mir und meinen Entscheidungen nicht mehr und ich vertraute ihnen nicht mehr. Ich hatte auch das Gefühl, dass der Verwaltungsrat mich nicht mehr für den Richtigen hielt und mir permanent vorwarf, das Schiff in die falsche Richtung zu steuern ... Der Druck, der auf mir lastete, war so gross geworden, dass ich nicht mehr weiterleben konnte. Ich hatte keine Kraft mehr, die ganzen Grabenkämpfe an allen Fronten noch länger auszufechten. Ich wusste nicht, wofür. Über so viele Jahre hatte ich Einfluss auf so vieles gehabt, Kontrolle über alles und auch eine gewisse Macht – und auf einmal fühlte ich mich machtlos. Vor allem war mir auch meine Vision abhandengekommen, mein Ziel. Ich wusste überhaupt nicht mehr, wofür ich das alles tat, wenn ich schon am frühen Morgen erschöpft in den Spiegel schaute."

Er sah mich kurz von der Seite an. „Vielleicht fühlte ich mich so ähnlich wie Sie jetzt gerade. Auch wenn wir eine unterschiedliche Geschichte haben, glaube ich, dass wir Gemeinsamkeiten haben."

Ja, das mochte sein, dachte ich. Ich sah diesen Mann auf einmal mit anderen Augen. Ich hatte ihn total unterschätzt.

„Und, wie haben Sie das Ruder noch mal herumgerissen?", fragte ich.

„Mit meinem alten Mädchen hier." Er strich mit den Händen über das Steuerrad. „Ich hatte damals einen Mentor, einen alten Freund. Er war Lieferant von uns und ich traf ihn ein-, zweimal im Monat. Erst rein geschäftlich, später auch privat, als er pensioniert war. Er ist zwanzig Jahre älter als ich und hat schon einiges in seinem Leben durchgemacht. Er sagte damals zu mir: ‚Carlos, du gefällst mir nicht. Dein Herz ist schwach. Und das Herz steht immer für das Zentrum aller Dinge und für die Lebenskraft.' Er brachte mich damals zu einem Schamanen. Dass es ein Schamane war, hatte er mir vorher nicht gesagt, sonst wäre ich wahrscheinlich nicht mitgegangen." Er lachte bei der Erinnerung. „Doch weil ich Edoardo, so heisst mein Mentor, immer vertraut habe, ging ich mit. Allein dieser Besuch ist eine lange Geschichte wert, aber ich fasse mich kurz: Der Schamane, ein interessanter Typ mit langem Haar, der lange in Indien gewesen war, liess mich mein Leben sehen. Ich kann Ihnen nicht mehr sagen, wie er das gemacht hat, aber ich konnte die wichtigsten Stationen und Momente meines Lebens sehr klar vor meinem inneren Auge erkennen. Und nicht alles war angenehm, das können Sie mir glauben!"

Das glaubte ich sofort. Was würde ich wohl sehen, wenn mich ein Schamane auf mein Leben blicken liess, schoss mir durch den Kopf.

„Als ich mich von dem Schamanen verabschiedete an jenem Tag, da wusste ich, dass ich mein Leben so nicht weiterleben wollte wie bisher. Ich hatte noch keine Idee, was ich tun sollte, schliesslich lastete eine enorme Verantwortung auf meinen Schultern. Ich konnte ja nicht alles einfach hinschmeissen, von einem Tag auf den anderen. Doch Edoardo beruhigte mich und sagte: ‚Ich habe eine Idee.' Er nahm mich eines Tages mit an den Hafen und zeigte mir dieses gute alte Boot hier." Er klopfte wieder mit der Hand aufs Steuerrad. „Und er sagte: ‚Du verbringst jetzt mal drei Wochen lang auf See. Nur du allein, ohne E-Mail, ohne Handy. Da draussen wird dir vieles klarer werden. Wenn du zurückkommst, dann weisst du, was zu tun ist.' Und genauso war es."

Carlos sah mich an. „Als ich nach den drei Wochen zurückkam, ging ich wieder zum Arzt. Der checkte meine Herzwerte und sagte: ‚Ich weiss nicht, was Sie getan haben – aber tun Sie's weiter!' Tja, und so bin ich hängen geblieben an diesem Leben, auf diesem Boot. Ich habe mein Herz an sie verloren, und darum habe ich sie auch so getauft."

„Sie haben wirklich alles aufgegeben? Ihren ganzen Beruf? Wovon leben Sie denn dann jetzt?"

„Ach, interessanterweise ist das die grösste Sorge, die wir alle immer haben. Das liebe Geld. Wissen Sie, ich hatte genug Geld. Daran mangelte es nicht. Ich bin versorgt. Ich brauche nicht viel."

„Und Ihr Unternehmen?"

„Das war auch sehr interessant: Was die Firma anging, sie war während den drei Wochen meiner Abwesenheit tatsächlich nicht untergegangen. Alles lief wunderbar. Meine Brüder hatten sie in der Zwischenzeit fabelhaft weitergeführt. Sie mussten natürlich bestimmte Dinge lernen und sich in Aufgaben einarbeiten, die ich vorher übernommen hatte. Es gab auch ein paar kleinere und grössere Stolpersteine, aber im Grossen und Ganzen lief alles sehr rund. Das Erstaunliche war", er sah mich an, „dass mir das Meer wirklich einige klare Antworten gab. Antworten, die ich sonst nie gefunden hätte, wenn ich einfach im Hamsterrad weitergelaufen wäre. Ich sah auf einmal sehr deutlich, was dazu geführt hatte, dass ich diese zwei Herzattacken gehabt hatte. Ich sah all die vielen kleinen und grossen Konflikte und Verletzungen, ob in der Familie oder im Geschäft. Ich sah sie so klar, als blickte ich in einen tiefen See. Oder in einen Spiegel. Das Meer war mein Spiegel."

Er sah kurz nach, ob ich ihm noch zuhörte. Natürlich tat ich das. Sein Bericht war nicht nur spannend, er berührte mich auch.

„An den Tagen, an denen ich mit mir kämpfte, damals, draussen auf See, kämpfte ich auch mit dem Meer. Es dauerte lange, bis das Schiff und ich einen gemeinsamen Rhythmus fanden. Bis ich merkte, dass ich keine Lust mehr auf diesen Kampf hatte. Ich wollte raus. Ich hatte auch keine Lust und keine Kraft mehr, immer nur nach den Erwartungen der anderen zu leben, seien es meine Freunde, meine Frau, meine Brüder, mein Vater, die Mitarbeiter, der Rest des Unternehmens. Ich wollte MEIN Leben leben, verstehen Sie?"

Ich verstand ihn bestens. Auch ich hatte mich schon bei dem Gedanken ertappt, dass ich zwar oft die Erwartungen anderer erfüllte, aber es nie genug schien. Kaum war ein Berg von Erwartungen und Wünschen erfüllt – stand schon der nächste Berg vor mir.

„Mir wurde hier auf dem Meer auf einmal schmerzlich bewusst, dass ich das Leben eines Menschen gelebt hatte, der ich gar nicht war. Oder nur in Teilen. Damals auf diesem Schiff, allein mit mir selbst, dem Wind, den Wellen, den Möwen ... konnte ich nichts anderes tun, als mich mit mir selbst zu konfrontieren. Es mit mir selbst auszuhalten. Bei Tag und in der Nacht. Ich musste mich auf die Suche nach meinem eigenen Ich machen. Ich musste in mein Herz reisen und in das Herz aller Dinge. Nur dort waren die Antworten zu finden. Und erst in dem Moment, als ich mich dafür entschied, mein Inneres zu leben und nicht mehr ständig nur für das Aussen – in dem Moment hat sich alles in meinem Leben gelöst."

Ich machte wahrscheinlich gerade ein verdutztes Gesicht, denn er sagte: „Das klingt nach einem Märchen, oder? Und in gewisser Weise hat es sich auch märchenhaft angefühlt, was danach geschah. Doch es ist alles wahr. Bis heute."

„Was ist passiert?“, fragte ich und fühlte mich, als sässe ich im Kino, eine Tüte Popcorn in der Hand. Es klang wirklich wie ein Film, was er mir hier erzählte.

„Alles, wirklich alles in meinem Leben wurde besser!“, sagte er und lächelte in Richtung der Sonne, die gerade auf sein Gesicht schien.

„Was genau meinen Sie mit alles?“

Er machte eine ausladende Handbewegung. „Die Beziehung zu meinem Vater wurde besser. Wir konnten wieder miteinander sprechen. Das Gerangel mit meinen Brüdern hörte auf. Wir fingen wieder an, uns zu vertrauen. Selbst mit meiner Frau verstand ich mich wieder besser, wenn man auch nicht von einer glücklichen Ehe sprechen konnte. Doch wir respektierten uns wieder.“ Er sah mich an. „Mein ganzes Leben veränderte sich, verstehen Sie? Natürlich nicht über Nacht. Aber jeden Tag einen Schritt in die richtige Richtung.“ Er sah mich an. „Und das alles, weil ich mir die Frage gestellt hatte: ‚Carlos, wohin willst du? Wohin willst DU?‘ Ich musste mir über diese eine Frage klar werden – und als ich die Antwort hatte, fiel alles andere auf seinen Platz und löste sich auf teilweise wundersame Weise. Und darum ist es so wichtig, dass auch Sie und jeder Mensch sich über diese Frage klar werden. Darum habe ich Ihnen diese Frage auch zu Beginn unserer Reise gestellt.“

Jetzt erst wurde mir klar, dass ich ihn falsch verstanden hatte an dem Tag. Ich war so auf mein Meeting fokussiert gewesen, dass ich an nichts anderes denken konnte.

Carlos zeigte über das Deck. „Das alles hier, das ist inzwischen mein Zuhause. Mein altes Mädchen und ich haben schon viele Seemeilen zurückgelegt. Wir kennen einander, wir vertrauen einander, bedingungslos. Ein anderer Mensch hätte vielleicht eine andere Entscheidung getroffen, wäre woanders hingezogen, hätte sich ein grosses Haus gebaut auf einem traumhaften Land. Für mich ist das grösste Glück dieses Boot und das Leben auf dem Meer. Die Freiheit. Ich kann auch jederzeit zurück, wissen Sie?“

Ich sah ihn fragend an.

„Ich kann jederzeit wieder zu meinem Vater und meinen Brüdern nach Hause kommen und ihre Türen stehen mir offen!“ Er strahlte, als er dies sagte. „Ich hätte nie gedacht, dass das geschehen könnte nach dem vielen Streit, den wir hatten. Auch mit meiner Ex-Frau verstehe ich mich gut. Wir sind nicht mehr verheiratet, doch wir sind im Guten auseinandergegangen.“

Ich nickte anerkennend. Wow, das war wirklich ein grosses Glück. Ich freute mich für ihn.

„Die jungen Leute würden sagen: Mein Leben ist cool. Und genauso empfinde ich es! Ich habe ein cooles Leben. Ich bin frei. Und ich habe alles, was ich brauche. Alles, weil ich die Ursache verändert habe. Die Ursache zu ändern, verändert die Wirkung. Wie bei einer Krankheit. Sie müssen an die Wurzel ran – nicht nur am Symptom herumdoktern. Nur dann besiegen Sie die Krankheit wirklich. Ursache und Wirkung – sagt Ihnen das was?“

Ich erinnerte mich an eine Physikstunde, in dem uns unser Lehrer das Gesetz von Ursache und Wirkung erklärt hatte, aber ich hatte den Verdacht, dass Carlos etwas anderes meinte.

„Es ist ganz einfach erklärt“, sagte er. „In der Physik nennt man das das Aktion-Reaktion-Axiom. Das klingt kompliziert. Aber im Grunde kann man sagen: Pflanzt du Kokosnüsse, dann erhältst du Palmen, keine Tomaten. Wenn du lieber Tomaten haben willst – dann musst du auch Tomaten pflanzen.“

Darüber musste ich einen Moment nachdenken. Kokosnüsse, Tomaten … Das klang logisch. Aber worauf wollte er wirklich hinaus?

„Mein Schiff steuert dorthin, wo ich es will“, sagte er, als hätte er meine Gedanken erraten. „Steuere ich nach Steuerbord, dann fährt es nach Steuerbord. Steuere ich nach Backbord, dann steuert es –“

„Nach Backbord“, vollendete ich den Satz. So viel verstand ich auch.

„Ich erwarte von meinem Boot nicht, dass es nach Backbord segelt, obwohl ich nach Steuerbord lenke, oder? Warum nur erwarten wir Menschen dann immer, dass wir Tomaten ernten, obwohl wir Kokosnüsse pflanzen?“

Ich musste schmunzeln. Es schien so einfach, was er sagte.

„Ist doch so! Wie viele Menschen säen jeden Tag lauter Dinge aus, die sie nicht wirklich ernten wollen! Und dann beschweren sie sich darüber. Dabei kann das Leben doch nur ein ständiger Kampf sein, wenn ich etwas anderes säe, als ich haben will, oder? Ist doch absurd. Also muss ich den Samen und die ganze Saat ändern, wenn ich eine andere Ernte erzielen will. Das weiss jeder Landwirt. Und genau darum ist jeder Gedanke so wichtig. Jeder Gedanke ist ein Samen. Jeder Gedanke erzeugt ein Gefühl und aus dem Gefühl heraus handeln wir. Denken – fühlen – handeln. Es ist immer eins. Wir können diese drei nicht voneinander trennen. Aus einer Handlung, die wir innerlich bewerten, folgt wieder ein Gedanke, und der Kreislauf beginnt von vorn. Darum ist jeder einzelne Gedanke wichtig und beeinflusst, wohin unser Schiff des Lebens fährt. Ursache und Wirkung.“

Ich konnte dem nichts hinzufügen. Seine Worte hatten mich beeindruckt. Viele Bilder schossen mir durch den

Kopf und gleichzeitig bewegte ich mich auf diesem Terrain immer noch wie auf einem schwankenden Floss auf hoher See. Vorsichtig wagte ich zu fragen: „Sie meinen, sobald ich mir im Klaren darüber bin, wohin ich will, dann klären sich auch in meinem Leben viele Dinge?“

„Ganz genau!“, rief er. „Mehr noch! Sobald der Kampf im Innern aufhört, hört auch der Kampf im Aussen auf. Sobald sich der Sturm in unserem Kopf und unserem Herzen legt, wird auch unser Leben ruhig. Eine einzige, schöne Fahrt ist es dann, die wir wirklich geniessen können. Wie auf einem Traumschiff!“ Seine Hand schwebte sanft durch die Luft.

Plötzlich startete in meinem Kopf die Titelmusik von der Serie „Das Traumschiff“. Der Albtraum eines jeden Jugendlichen, der zum Familienfernsehabend mit den Grosseltern verdonnert wurde.

„Oder einem Katamaran bei einer frischen Brise – wenn Sie es dynamischer wollen“, fügte Carlos grinsend hinzu.

Er deutete auf den Anhänger, den er an einer goldenen Kette um den Hals trug. „Sehen Sie das?“ Er holte den Anhänger heraus. Es war ein goldenes V. Die Abkürzung für den Namen einer Frau, vermutete ich. Doch er belehrte mich eines Besseren.

„Vida, das bedeutet Leben", sagte Carlos. „Diesen Anhänger trage ich, seit ich den Ausstieg aus der Firma unterzeichnet habe. Edoardo hat ihn mir geschenkt. Dieser Anhänger erinnert mich immer daran, wo ich herkomme und wo ich wirklich sein will. Wo wollen Sie sein, Jean?"

Tatsächlich wusste ich es in diesem Moment noch nicht. Doch ich wollte es herausfinden. Eines wusste ich aber und sprach es aus: „Warum siezen wir uns eigentlich immer noch? Jetzt haben wir so viel miteinander durchgemacht, auch so viel verrücktes Zeug. Höchste Zeit, um zum Du überzugehen, oder? Ich bin Jean", sagte ich und streckte ihm meine Hand hin.

Er erwiderte meinen Händedruck mit einem zufriedenen Lächeln. „Carlos. Freut mich. Freut mich wirklich, dass du endlich so weit bist." Mein Gefühl sagte mir, dass er mehr meinte als diesen Händedruck.

Dann schloss er mich wie einen Freund in die Arme.

7

„Gleich sind wir da", sagte Carlos. „Siehst du, da hinten? Da müssen wir hin." Er zeigte auf eine Landzunge. Gut, das war zwar kein Katzensprung, aber immerhin war Land in Sicht, dachte ich erfreut und musste über die Doppeldeutigkeit schmunzeln.

Ich dachte an den Beginn unserer gemeinsamen Reise. Wie kritisch ich Carlos und der Corazón gegenüber gewesen war. Und dann all die Abenteuer bisher. Die besten Geschichten schrieb doch wirklich das Leben und nicht Hollywood … Wenn ich mir tatsächlich jemals ein Boot kaufen würde, dann sicher keinen so alten Kahn wie diesen hier. Doch ich musste zugeben, dass ich das Schiff ein bisschen ins Herz geschlossen hatte. Auf dem Wasser unterwegs zu sein, hatte tatsächlich seinen Reiz. Ich konnte inzwischen gut verstehen, wie heilsam die Erfahrung für Carlos gewesen sein musste.

So ganz konnte ich mir diesen Mann immer noch nicht in der Businesswelt vorstellen. Aber Schinken, das passte wiederum zu ihm und seiner Herkunft. Und auch wenn nicht alles glatt und wie geplant gelaufen war auf unserer

Reise, vor allem nicht, was das Thema Pünktlichkeit anging, so hatte ich durch ihn sehr viel gelernt. Ich spürte plötzlich eine Welle von Dankbarkeit in mir aufsteigen. Wow. Das war intensiv. Sabine war ich dankbar, jetzt Carlos …

So wie er hatte auch ich viele Dinge und vor allem Menschen, die mir wichtig waren, in den letzten Jahren total vernachlässigt. Mein Job hatte alles dominiert: meinen Tag, mein Denken, mein Fühlen.

Ich hatte mir immer gewünscht, mehr Zeit mit allen zu haben – doch wirklich aktiv verändert hatte ich nichts. Auch Zeiten mit mir alleine waren purer Luxus geworden. Wann genau war ich eigentlich nur mit mir alleine? Auf dem Klo, fiel mir ein. Und im Büro, wenn ich die Tür hinter mir zumachte. Zeichen, dass ich eine Weile von niemandem gestört werden wollte.

Du meine Güte, war das nicht ein echtes Armutszeugnis? Klo und Büro. Ich fühlte mich auf einmal mies.

Da rannte man jeden Tag rum von früh bis spät auf dem Spielfeld des grossen Marktes, war der Gott oder der Held – na ja, zumindest zeitweise – und konnte noch nicht mal sagen, wann man das letzte Mal ohne Sinn und Ziel aus dem Fenster geschaut hatte. Oder eine Tasse Kaffee ohne Handy und ohne Blick auf den Bildschirm getrunken hatte.

Wahnsinn. Ich war entsetzt über mich selbst. Wieso hatte ich es so weit kommen lassen?

Autsch! Ein stechendes Gefühl durchfuhr plötzlich meinen Magen. Seit einiger Zeit kam es und ging auch wieder, war aber unglaublich schmerzhaft. Ich war früher nie der Typ gewesen, der es mit dem Magen zu tun hatte. Damals in der Schule oder im Studium bekam ich immer einen Kloss im Hals, wenn ich mich unwohl fühlte. Den Lehrern gegenüber, die mich tadelten, ob gerechtfertigt oder nicht, und auch Schülern bzw. Studienkollegen gegenüber, die ich als überlegener empfand.

Meistens musste ich danach immer erst mal einen Infekt auskurieren. Der Körper zeigte, was ich mit Worten nicht ausdrücken konnte. Das hatte mir zumindest mal eine Heilpraktikerin gesagt, zu der mich Sabine geschleift hatte. Ich musste an Carlos und den Schamanen denken.

Vor etwa einem Jahr hatten dann die Magenschmerzen angefangen und den Kloss im Hals ersetzt. Sehr unangenehm war das, wenn sie einen plötzlich überkamen, vor allem, wenn man mitten in einem Meeting war und sich eigentlich am liebsten vor Schmerz zusammengekrümmt hätte. Aber nein, Zähne zusammenbeissen, Mann, weitermachen. Bloss nichts anmerken lassen. Schmerzen sind was für Schwächlinge, sei ein Indianer! Die fühlen keinen Schmerz.

Zur Sicherheit hatte ich immer ein paar Pillen in der Schreibtischschublade und auf Geschäftsreisen dabei, damit sich die Magenschleimhaut schnell wieder beruhigte. Wo waren die Pillen eigentlich? Ach ja, in meinem Koffer – und der war auf dem anderen Schiff. Ob das Schiff mit meinem Gepäck und den Projektunterlagen schon angekommen war? Ich konnte es nur hoffen.

Carlos sah mich von der Seite an. „Ist alles in Ordnung?"

„Ich denke schon", murmelte ich. Doch da kam es wieder, das Stechen, so als bohrte mir jemand eine Eisenstange in den Magen und drehte sie ein paarmal kräftig herum. Ich musste mich setzen. Zum Glück stand eine Holzkiste in der Nähe.

„Cierto? Du bist ja ganz weiss im Gesicht", sagte er, verliess kurz das Steuer und trat vor mich. „Nimm den Kopf hoch und lass mich schauen", bat er. Ich tat, wie geheissen, und er hielt mit einer Hand mein Kinn und öffnete mit zwei Fingern der anderen Hand eines meiner Augenlider. „Das sieht aber nicht gut aus, mein Lieber."

„Sag jetzt nicht, dass dir der Schamane auch noch die Technik der Irisdiagnose beigebracht hat", wollte ich scherzen, sog aber stattdessen scharf die Luft ein, weil ein unsäglicher Blitz durch meinen ganzen Rumpf fuhr, der mir die Eingeweide aufriss. So fühlte es sich zumindest an.

Was war denn auf einmal mit mir los? War ich seekrank? Nein, soweit ich wusste, ging die mit Übelkeit einher. Übel war mir nicht. Oder doch? Kaum hatte ich das gedacht, wurde mir schwindlig und das ganze Deck drehte sich. Und plötzlich hatte ich nicht mehr die Kraft zu sitzen. Meine Wirbelsäule gab mir keinen Halt mehr. Ohne etwas dagegen tun zu können, sank ich von der Holzkiste zu Boden. Ich musste mich zur Seite drehen, die Beine anziehen und spürte das warme, trockene Holz an meinen Schläfen. Weiter unten klatschte das Meer gegen die Bordwand. Ich hatte das Gefühl, dass das Geräusch, obwohl ich es mochte, mir das Trommelfell zerriss.

„Schön hierbleiben, nicht bewusstlos werden, Jean!“, rief Carlos, der sich neben mich gekniet hatte und mir mehrmals in die Wange kniff. „Das haben wir gleich! Ich hole dir etwas gegen die Schmerzen, warte!“

Warte ... Der war lustig. Wo hätte ich denn auch hinsollen, in meiner Verfassung. Fröhlich an Land schwimmen, oder was?

Es dauerte nicht lange, da kam er zurück, eine braune Flasche ohne Etikett in der Hand. Er kippte ein wenig Flüssigkeit daraus in einen Plastikbecher. „Kannst du den Kopf anheben, damit ich dir das hier einflössen kann?“

„W-Was ist d-das?“, fragte ich. Immerhin hatte ich es geschafft, mich auf den Rücken zu drehen. Über mir drehten sich der Mast und der Himmel, als würden sie zusammen einen Tanz machen.

Carlos half mir, den Kopf leicht oben zu halten. „Ist gute Medizin. Mund auf.“ Er kippte mir die Flüssigkeit in den Mund. In dem Moment, in dem das Zeug meine Zunge berührte, schrie ich auf. „Aufhören! Sie bringen mich ja um!“

Carlos lächelte. „Oh, wir waren schon beim Du. Hast du das vergessen? Und im Gegenteil, mein lieber Jean, ich hole es aus dir heraus. Alles, was da nicht mehr hingehört.“

Er wollte mir noch mehr einflössen, aber ich schüttelte den Kopf. „Das ist scharf. Und ekelhaft. Und bitter. Einfach alles“, ächzte ich.

„Wirksame Medizin ist meistens bitter“, erwiderte er ungerührt. „Oder hat dir als Kind der Hustensaft geschmeckt, der wirklich geholfen hat?“

Ich schüttelte den Kopf.

„Siehst du.“ Er legte mich kurz ab und holte etwas Weiches, das er unter meinen Nacken schob. Dann ging er zurück ans Steuer. Wenn ich den Kopf zur Seite legte, dann sah ich, dass Carlos mich gut im Blick hatte. Wenigstens würde er es bemerken, wenn ich das Zeitliche segnete, dachte ich. Da war er wieder, mein schwarzer Humor.

„Ich hatte auch grosse Schmerzen, als ich damals allein auf See war!", rief er.

„Davon hast du vorhin aber nichts gesagt", stöhnte ich. Der ekelhafte Geschmack seiner Medizin lag noch auf meiner Zunge. So sehr ich auch schluckte, er ging nicht weg.

„Seitdem habe ich immer etwas dabei. Ist ein altes Heilmittel meiner Grossmutter mütterlicherseits. Was genau drin ist, kann ich dir nicht sagen, aber es hilft immer!"

Grundgütiger, er wusste nicht mal, was er mir da verabreicht hatte? Ich musste an eine allergische Reaktion denken, die ich mal auf ein Medikament gezeigt hatte. Damals war mir die Zunge geschwollen. Die Situation war sehr bedrohlich gewesen, weil ich das Gefühl hatte, kaum noch atmen zu können. Zur Kontrolle bewegte ich meine Zunge im Mund. Sie schien okay zu sein. Noch.

„Wenn man alleine unterwegs ist, muss man immer etwas für den Notfall dabeihaben", rief er.

Ich konnte nicht anders, ich musste ihn mit seinen eigenen Waffen schlagen: „Ach ja? Ich dachte, es geht alles mit guten Gedanken ganz einfach wieder weg!", rief ich zu ihm rüber.

„Ha, du bist ein guter Schüler!“, rief er lachend. Er schien total unbekümmert angesichts meines Zustands. „Mein bester Schüler sozusagen. Du hast es verstanden!“

Wieso, wie viele Schüler hatte er denn? Ich hatte nicht die Kraft, ihn zu fragen. Zu rufen war anstrengend gewesen.

„Soll ich dir was sagen? Ich habe dieses Elixier nur einmal gebraucht. Danach nie wieder. Aber, um auf deine Frage zu antworten: Du hast natürlich recht. Unsere Gedanken können in der Tat jede noch so missliche Lage verändern. Aber manchmal sind wir in einer so schlechten Verfassung und haben kaum noch eigene Ressourcen, weil wir uns verzehrt haben. Wir sind dann so aufgebraucht und leer, dass es uns nicht mehr gelingt, genügend positive Gedanken zu erzeugen, die das Negative wieder ausgleichen. Dann ist es durchaus hilfreich und legitim, dem Körper eine kleine Hilfestellung zu geben. Manche Menschen schaffen es aber auch rein mental, sich wieder in die Balance zu bringen. Genau, wie du gesagt hast.“

Ich war mir nicht sicher, ob ich es in solch einer Situation mental schaffen konnte, denn der Schmerz vorhin war so überwältigend gewesen, dass er mich völlig einnahm: meinen Körper, meinen Geist, jede Zelle … Ich hoffte nur, dass dieses grässliche Zeug von Carlos’ Grossmutter bald so richtig wirkte. Mir war immer noch schwindlig, und der bohrende Schmerz hatte, wenn überhaupt, dann nur ein ganz kleines bisschen nachgelassen.

„Es ist überhaupt nichts Ungewöhnliches, dass unser Körper, wenn er endlich einmal zur Ruhe kommt, solche Reaktionen zeigt", fuhr Carlos nach einer Weile fort. „Im Gegenteil, das ist ganz normal. Man hat plötzlich Zeit, sich über sein Leben und die Umstände Gedanken zu machen, die man sich erschaffen hat. Da kommt schon mal was hoch, das an die Oberfläche will. Beim einen mehr, beim anderen weniger. Doch viele haben genau davor Angst. Also vermeiden sie die Ruhe und das Alleinsein mit sich und sind lieber aktiv. Sie rennen und rennen – und laufen vor sich selbst davon. Oder, wie siehst du das, mein Freund?"

Ich nickte zustimmend, obwohl Carlos es nicht sehen konnte. Er hatte den Blick aufs Meer gerichtet.

„Du selbst bist über viele Jahre einem grossen inneren und äusseren Druck ausgesetzt gewesen, vergiss das nicht", sagte er. „So wie ich auch. Du hattest Angst um deinen Job, du hattest Angst vor Konkurrenz. Du hast jeden Tag dein Bestes gegeben und dies noch nicht mal für das Beste gehalten."

Woher wusste er das?

„Du hast deine Familie bestens ernährt. Du wolltest ihnen ein wunderbares Leben bereiten. Beruflich wolltest du mit dem Kopf durch die Wand. Wenn das eine Ziel erreicht war – zack, das nächste Ziel anpeilen! Stimmt's oder hab ich recht?", fragte er mit einem verschmitzten Grinsen.

Allerdings. Meine eigene Ungeduld, mein Getriebensein machte mir manchmal selbst das Leben schwer.

„Gerade wir Männer vergessen dabei oft etwas sehr Wichtiges."

Jetzt war ich gespannt. Was meinte er? Entspannung? Freizeit? Ein Bier?

„Wir vergessen, dass alles, was wir voranbringen und in die Realität umsetzen wollen, auch den richtigen Nährboden braucht."
Was meinte er denn jetzt damit?

„Jeder Bauer weiss, dass er ohne den gut vorbereiteten Boden keine gute Ernte einfahren wird. Da kann die Saat, die er eingekauft hat, noch so gut sein, wie sie will. Der Boden bestimmt, was aus der Saat wird."

Ich schwieg, denn ich wusste immer noch nicht, worauf er hinauswollte.

„Der Boden, das ist das weibliche Prinzip im Leben. Er nimmt den Samen auf, schenkt Leben und lässt die Pflanzen wachsen. Der Samen – er gibt den Impuls. Er ist das, was wachsen möchte. Aber der Samen braucht, wie gesagt, den Boden. Und der Boden, der braucht einen Samen, denn sonst wächst auf ihm nichts."

Klang eigentlich ganz logisch, was er sagte.

„Mann und Frau", erklärte er. „Aus diesem Grund hat die Natur beide Geschlechter geschaffen."

Wollte er jetzt auf die Frauenquote in Unternehmen hinaus? Ich schloss kurz die Augen, weil mich das Offenhalten zu sehr anstrengte und weil der Mast und der Himmel wieder angefangen hatten, miteinander zu tanzen.

„Das Prinzip des Gebens und des Empfangens ist ein uraltes Prinzip. Es ist ein Naturgesetz", fuhr er fort. „Wir Männer tendieren oft dazu, alles mit dem Kopf zu machen. Wir haben eine Idee in unseren Gedanken, ein Ziel. Und dann laufen wir los und tun alles Mögliche, um es zu verwirklichen. Die beste Idee nützt aber nichts, wenn sie nicht ein Gefäss hat, einen Rahmen, innerhalb dessen sie wachsen und gedeihen kann."

Carlos musste meinen kritischen Blick gesehen haben, denn er fragte mich: „Kennst du das Yin-Yang-Zeichen?"

„Du meinst diesen Kreis mit dem schwarz-weissen Wellenmuster?“, fragte ich. Ich erinnerte mich nur vage daran. Die Visitenkarte der Heilpraktikerin, zu der mich Sabine gebracht hatte, trug das Symbol, wenn ich mich recht daran erinnerte.

„Im Schwarzen ist das Weisse enthalten. Im Weissen ist das Schwarze enthalten. Das eine kann nicht ohne das andere existieren. Gerade im Geschäftlichen vergessen wir das gerne und oft. Wir glauben, dass es nur ums Machen geht, um das Vorantreiben von Dingen, um die Erreichung von Zielen. Um all das geht es ja auch“, rief er. „Aber eben nicht nur. Beziehungsweise sind alle unsere Bemühungen nur dann wirklich und dauerhaft erfolgreich, wenn sie auch ihre Entsprechung haben, ihre zweite Hälfte, die sie optimal ergänzt. Das Weibliche kann ohne das Männliche nicht existieren. Erinnere dich an den Boden ohne Samen. Das wäre sonst wie jemand, der tagelang an einem Bahnhof sitzt und auf einen Zug wartet, der nicht kommt.“

Jetzt war ich es, der nur noch Bahnhof verstand. Ich machte ein entsprechendes Geräusch. Carlos grinste nur, als sich unsere Blicke trafen. Wahrscheinlich wusste er wieder genau, was ich gerade dachte.

„Es gilt für alles im Leben. Für unseren Beruf wie für unsere Beziehungen mit unseren Partnern und unseren Kindern“, schloss er seine Ausführung.

„Und wie, bitte schön, soll ich dieses Männlich-weiblich-Ding konkret anwenden?“, fragte ich. Die Theorie war ja gut und schön, doch ich hatte keinen blassen Schimmer, wie ich sie praktisch umsetzen sollte.

„Indem du zum Beispiel wieder mehr Gefühle zulässt, Jean. Hör öfter auf dein Gefühl. Gefühle gehören zu unserem Leben. Sie sind lebensnotwendig! Wir tun allerdings sehr oft so, als hätten wir keine Gefühle. Und doch sind sie da. Wusstest du, dass sich ein Gedanke oder ein Ziel, die sich manifestieren sollen, viel schneller verwirklichen, wenn wir sie mit einer Emotion aufladen?“

Ach, herrje, dachte ich. Jetzt wurde es mir wieder eine Nummer zu hoch.

„Warte, du verstehst es gleich“, rief Carlos. „Bei dem Gedanken an einen schönen Urlaub hast du ja auch gute Gefühle, oder? Warum also nicht auch bei der Vision, die du und dein Team für ein Projekt habt? Sprichst du in deinen Meetings über Emotionen?“

Himmel, nein, natürlich nicht, dachte ich. Ich wollte Schüller und meinem Team gegenüber ja nicht wie ein Motivationsguru auftreten. Vor allem auch Becker wollte ich keinen Anlass geben, mich irgendwie vor allen lächerlich zu machen.

Ich hatte gar nichts gesagt, aber Carlos meinte: „Wie willst du mit deinen Leuten grosse Ziele erreichen, wenn keiner von euch ein Gefühl für das hat, was er tut?“, fragte er.

Ich schwieg immer noch.

„Natürlich funktioniert das. Man kann grosse Ziele erreichen, auch ohne all das, was ich dir gerade gesagt habe. Aber ich kann dir aus eigener, leidvoller Erfahrung sagen: Leichter ist es nicht! Im Gegenteil, es ist sehr viel schwerer, das Gewünschte in die Realität zu bringen und vor allem den Erfolg dauerhaft aufrechtzuerhalten, wenn wir es nur mit dem Kopf und nicht mit dem Herzen tun.“

Er machte eine Pause, wohl, damit ich Zeit hatte, um alles zu verinnerlichen. Mir rauschte der Kopf, und das lag nicht an den Wellen unter uns. Allerdings war mir, als würde der Schmerz in meinem Bauch etwas nachlassen. Ich atmete auf.

„Hör mehr auf deine Gefühle, Jean“, empfahl er mir erneut. „Hör auf deine Bedürfnisse. Viele Menschen kennen ihre Bedürfnisse nicht. Sie wissen nicht, was sie wollen. Sie wissen stattdessen nur, was sie nicht wollen. Kennst du solche Menschen?“

Ich nickte. Ich gehöre auch öfter dazu, sagte eine Stimme in mir.

„Wenn wir Menschen unsere ureigenen Wünsche und Bedürfnisse nicht erfüllen, dann erschaffen wir uns Ersatzbedürfnisse. Dann streben wir verstärkt nach Macht, nach Geld, nach Status. Wir wollen eine bestimmte Position erreichen, einen Platz auf dem Podest. Und den versuchen wir dann, mit Händen und Füssen zu verteidigen. Weil ständig jemand da ist, der ihn uns streitig machen will. Zumindest fühlt es sich so an, wenn wir in diesem Kampfmodus sind. Wir sprachen ja schon darüber. Übrigens, wusstest du? Der Magen, der regt sich – der regt sich auf! –, wenn uns etwas auf den Magen schlägt. Eine Situation, ein Mensch in unserem Umfeld ... Jemand, der uns ärgert oder reizt oder der es schafft, uns aus unserem Urvertrauen zu bringen. Wir fühlen uns dann nicht mehr beschützt. Wir sind nicht mehr der Herr und Gebieter unseres eigenen Reviers. Gerade für uns Männer ist das ja wichtig. Wir wollen das Alphatier sein. Im Grunde sind wir immer das Alphatier – in uns selbst. Wir sind der Steuermann unseres eigenen Schiffes. Diesen Platz, den kann uns niemand auf der Welt streitig machen."

Ich richtete mich etwas auf. Carlos' Worte hatten mir, auch wenn ich sie noch nicht hundertprozentig für mich einordnen konnte, auf unerklärliche Weise Kraft gegeben.

„Oh, es geht dir besser. Das ist sehr gut!", rief er sichtlich erfreut. „Beweg dich nicht zu schnell, sonst gibt es einen Brummschädel", riet er mir. Ich lehnte mich mit dem Rücken gegen die Holzkiste. Eine grosse Welle erfasste das

Boot. Wir schwankten. Doch mein Magen machte die Bewegung zum Glück mit.

Zu Carlos' Rechter, von mir aus gesehen geradeaus, erblickte ich plötzlich eine Insel, die traumhaft aussah. Carlos fing meinen Blick auf.

„Schön, nicht?"

Wir hatten ja auf unserer Fahrt schon viele Palmen, Unmengen von Sand und wirklich sehr viel Meer gesehen, aber das hier übertraf alles.

„Die Bewohner nennen sie die ‚Zauberinsel'", erklärte mir Carlos. „Es ist wie im Paradies dort."

Er wollte weitersteuern, auf die Landzunge zu, die wir anpeilten, da hörte ich mich sagen: „Warte mal. Ich möchte mir das ansehen."

„Du wolltest eigentlich schnell ankommen", entgegnete er und sah mich an. In seinen Augen konnte ich wieder die Frage lesen: „Wohin willst du? Wohin willst du wirklich?"

Ich musste an mein Meeting denken, das eh schon vorbei war. Früher hätte ich niemals so entschieden, aber in diesem Augenblick dachte ich: Warum eigentlich nicht? Wenn ich meinen Job verliere, dann ist es jetzt eh schon zu spät.

Und wenn nicht, dann ist auch noch in ein paar Stunden alles gut. Ein kurzer Ausflug auf dieses Stück Land, das meinen Blick so magisch anzog, riss es jetzt auch nicht mehr heraus. Ich war sehr überrascht über meine eigene Einstellung. Gut, dass Schüller das nicht hören konnte, dachte ich und musste grinsen.

„Zeigst du mir die Zauberinsel?“, fragte ich.

„Naturalmente!“, rief er strahlend.

Ich stand auf, hielt mich mit einer Hand neben ihm fest, legte ihm die andere Hand auf die Schulter und starrte auf dieses wunderschöne Stückchen Land. Interessanterweise war mein Magenschmerz verschwunden. Ich hatte das Gefühl, als sei er nie dagewesen.

Carlos klopfte mir freundschaftlich auf den Rücken. „Es wird alles gut, Jean. Es *ist* alles gut.“

8

Ich ging kurz unter Deck, um mein Portemonnaie und einen leichten Pullover zu holen. Carlos hatte mir erzählt, dass die Zauberinsel, wie er sie nannte, vulkanischen Ursprungs war. Vielleicht würde ich Lust haben, mir diese alten Gesteine spontan aus der Nähe anzusehen. Von einer früheren Vulkanbesichtigung mit Freunden während meines Studiums wusste ich, dass es auf Vulkangipfeln manchmal sehr windig und kühl werden konnte. Darauf wollte ich vorbereitet sein.

Carlos hatte auch gesagt, dass die Vulkane auf der Insel noch aktiv waren. Ich solle mir aber keine Sorgen machen, der letzte Ausbruch sei lange her. Ich war mir nicht ganz sicher, ob diese Tatsache mich beruhigte oder eher das Gegenteil bewirkte. Könnte es dann nicht jeden Moment wieder so weit sein? Plötzlich schoss mir der Gedanke durch den Kopf: Es ist so viel passiert, seit ich hier an Bord gegangen bin … Da wird mich ein Vulkanausbruch wohl nicht mehr erschüttern. Dieser Gedanke brachte mich zum Grinsen.

Gut gelaunt ging ich wieder zu Carlos an Deck. Hey, wir waren ja schon gleich da. Die Zauberinsel schien ganz nah.

War ich so lange unten in der Koje gewesen? Fast erschien es mir, als wäre nur ein Wimpernschlag vergangen vom Erblicken der Insel bis zum Erreichen ihres Ufers. Carlos hatte schon den Anker geworfen, wie er mir signalisierte. Wow, auch das ging ja bemerkenswert schnell heute. Ich hatte das Geräusch der Ankerwinde gar nicht gehört.

Mit dem Beiboot ruderten wir auf die Insel zu. Noch bevor wir das Boot ans Ufer ziehen und am Strand ablegen konnten, fiel mir der stechende Geruch auf. Puh, das roch aber alles andere als zauberhaft hier. Der Duft erinnerte mich an Schwefel, wie ich ihn einmal in natürlichen Quellen auf Island erlebt hatte. Auch diese Reise war lange her.

Ein paar Palmen standen verloren am Strand herum. Die hatten doch aus der Ferne auch malerischer ausgesehen. Carlos fing meinen Blick auf.

„Alles klar bei dir?", rief er mir zu und legte die Paddel unter das umgedrehte Boot.

„Ja, ja, alles klar", antwortete ich.

„Gefällt es dir hier?"

„Geht so", sagte ich. „Ich habe mir mehr versprochen."

„Wart's ab!", ermunterte er mich und lief voraus. „Die innere Schönheit ist die äussere Schönheit!"

Ganz ehrlich, von äusserer Schönheit war im Moment nicht viel zu sehen, dachte ich insgeheim. Vielleicht wurde es hinter dem kleinen Hügel besser, der vor uns lag. Er war höher, als es von Bord aus den Anschein gehabt hatte.

Neben mir ertönte ein dumpfes, schweres Geräusch, als sei etwas vom Himmel gefallen. Ich sah nach oben. Es war etwas vom Himmel gefallen – und zwar eine Kokosnuss! Grosser Gott, wenn die mich erschlagen hätte – oder Carlos! Ich machte schnell einen Schritt zur Seite, um weiteren Nüssen auszuweichen.

„Du musst vorsichtig sein!" Carlos hatte sich umgedreht und wartete auf mich.

„Vorsicht ist gut", murmelte ich, „ich kann doch nicht vorhersehen, wo die Dinger hinfallen. Vielleicht sollten wir doch besser zum Boot zurückgehen." Ich sagte dies leise, doch er hatte es gehört.

„Ich meinte auch eher, dass du hier auf der Insel noch mehr darauf achten sollst, welche Gedanken du hast", erwiderte er.

„Warum?“, fragte ich verständnislos. „Sind wir hier bei Super Mario im Kokosland, oder was?“ Ich sah mich vor einer Spielekonsole sitzen, einen Controller in der Hand und den blitzschnell herunterfallenden Nüssen ausweichen. Carlos wollte mir doch nicht allen Ernstes sagen, dass meine Gedanken die Flugbahn einer Kokosnuss beeinflussen konnten?

„Nein, nein. Aber die Schwingung auf dieser Insel ist sehr hoch. Das bedeutet, dass sich das, was wir denken, viel schneller in der Realität manifestiert als an anderen Orten.“

Hohe Schwingung? Manifestieren? Was sollte das denn jetzt schon wieder heissen? Hoch, das war hier vor allem die Temperatur, wie ich bemerkte. Den Pullover hätte ich wohl an Bord lassen können. Ich hatte fast das Gefühl, dass es hinter diesem Berg köchelte. Doch hoffentlich keine glühende Lavasuppe?

„Komm weiter, Jean, es gibt eine wunderschöne Stelle, die ich dir unbedingt zeigen möchte!“, drängte mich mein Begleiter. „Der Weg dorthin ist allerdings ziemlich herausfordernd. Aber ich bin mir sicher, du schaffst das.“

Ich war mir auf einmal nicht mehr sicher, ob ich diese Stelle sehen wollte. Wir hatten nur kurz halten wollen, doch es sah nicht so aus, als läge diese wunderschöne Stelle, von der Carlos sprach, um die nächste Ecke.

„Vamos!", rief der nur und war schon ein paar Schritte weitergelaufen. Ich seufzte und setzte mich wieder in Bewegung. Am meisten irritierte mich, dass es hier so still war. Bisher hatte ich immer das Geräusch von Vögeln gehört: Von den Möwen auf dem Wasser und den gefiederten Bewohnern an den Stränden, an denen wir unfreiwillig pausiert hatten. Doch hier war kein Laut zu hören, so als hielte die Natur den Atem an. Warum? Drohte eine Gefahr? Oder war das Leben hier so unwirtlich, dass es gar keine Tiere gab?

Wir erklommen den Hang. Als wir runter ins Tal schauten, war ich total enttäuscht. Dort unten erstreckte sich eine rote, steinige Wüste, so weit das Auge blickte. Ich kam wir vor wie in einem Endzeitfilm.

„Also ehrlich, Carlos, allmählich fühle ich mich von dir auf den Arm genommen!", sagte ich verärgert. „Sag nicht, dass ich mein Meeting habe sausen lassen für einen Haufen Steine, diese Affenhitze und das Gefühl, der letzte Mensch nach einer Apokalypse zu sein!"

Carlos lachte. „Keine Sorge. Du bist nicht der Letzte. Wir sind doch zu zweit! Nein, im Ernst. Die schöne Stelle, die ich dir zeigen will, kommt erst noch. Es ist nicht mehr weit. Ich habe dir doch gesagt, dass der Weg ein bisschen herausfordernd ist. Und damit habe ich nicht nur die Strecke an sich gemeint."

Ich stöhnte auf, was nicht nur an seinen Worten lag. Mein Knöchel, den ich mir am Stacheldraht verletzt hatte, schmerzte wieder. Seltsam, er war doch eigentlich schon fast verheilt gewesen. Und was hatte Carlos eben gesagt – der Weg, aber nicht die Strecke? Zum Philosophieren war es mir definitiv zu heiss hier. Wenn wir doch wenigstens ein bisschen Wasser mitgenommen hätten.

Wir kamen an einen Felsvorsprung. Carlos hob seine Hand auf meine Brusthöhe, um mich zum Halten zu bewegen. „Warte“, sagte er.

„Warum, ist dahinter ein Abhang? Eine Gefahr? Nun sag schon!“ Langsam wurde ich ungeduldig.

„Nicht unbedingt. Sagen wir es so: Hinter dem Felsen ist das, was du erwartest.“ Er sah mich erwartungsvoll an. „Und? Was erwartest du?“

„Was soll ich schon erwarten? Das Gleiche wie hier!“ Ich zeigte frustriert in die Umgebung, wischte mir den Schweiss von der Stirn und wollte gerade weitergehen, doch Carlos sah mich warnend an.

„Stopp. Ich habe dir doch gesagt, dass diese Insel eine hohe Schwingung hat. Das meine ich ernst! Du musst dir darüber im Klaren sein, mit welchen Gedanken du weitergehst. Denn genau das, was du denkst, wird sich dir hinter dem Felsen zeigen.“

Ich musste ziemlich ratlos ausgesehen haben. Carlos deutete auf einen grossen, flachen Stein. „Setz dich einen Moment hin."

„Warum? Ich meine, wir wollten eigentlich nur mal schnell auf diese Insel und dann gleich weiter", sagte ich genervt. Ich hatte plötzlich keine Lust mehr auf irgendwelche Verrücktheiten. Wären wir doch nur weitergefahren!

„Du wolltest auf diese Insel, wenn ich dich daran erinnern darf", erwiderte er, „und jetzt setz dich!"

Ich gehorchte widerwillig und wischte mir mit den Händen über Gesicht und Hals. Wahrscheinlich sah ich inzwischen aus wie ein Indianer mit Kriegsbemalung: der rote Staub, vermischt mit meinem Schweiss, der mir in Strömen über die Wangen lief …

„Weisst du, die meisten Menschen machen es genauso wie du gerade", fing er an. „Sie sind in einer unangenehmen Situation. Doch statt sich zu fragen: ‚Warum bin ich in dieser Lage? Wie habe ich sie durch mein Denken wie ein Magnet angezogen?', wollen sie schnell weitereilen. Hauptsache vorwärts! In solchen Momenten ist es aber viel wichtiger, innezuhalten." Er beobachtete meine Reaktion. Ich starrte ihn nur wortlos an.

„Jeder Gedanke, den du denkst, erzeugt eine Vibration. Auch wenn du sie nicht sehen kannst." Er machte eine wellenförmige Bewegung mit der Hand. „Wenn ein Vogel draussen im Baum vor unserem Haus singt oder ein Hund in Nachbars Garten bellt, dann hören wir das, richtig?“

Ich nickte erschöpft.

„Wir müssen den Vogel und den Hund nicht sehen, um zu glauben, dass sie da sind? Habe ich recht?“

Ich nickte wieder.

„Wir können sogar an der Art, wie der Hund bellt, erkennen, ob er sich freut, ob er Angst hat oder ob er sein Revier verteidigt.“

Das stimmte.

„All das entsteht durch die Vibration, die sein Bellen aussendet. Wir sehen sie nicht – aber das Ergebnis kommt bei uns an. Es wird durch unser Gehirn, unsere Ohren und alles, was daran in unserem Körper beteiligt ist, übersetzt.“

Er machte eine kurze Pause. Dann sprach er weiter. „Die Wissenschaftler haben längst erkannt, dass unsere Gedanken ebenfalls Schwingungen sind. Sie sind elektromagnetische Schwingungen. Du hast sicher schon einmal erlebt, dass du ganz intensiv an jemanden gedacht hast – und nur wenige Minuten später ruft dich dieser Mensch an oder schreibt dir eine E-Mail. Kennst du das?“

Ich nickte. Das hatte ich tatsächlich schon öfter erlebt.

„Genauso funktionieren unsere Gedanken. Wir senden also immer etwas aus – ob wir einen positiven Gedanken denken oder einen negativen. Wir denken etwas, und zack, wird es wahr! Als wären wir Zauberer. Ja, man kann es genauso bezeichnen. Wir sind die Magier unseres Lebens! Und hier an diesem Ort kannst du genau sehen, wie es funktioniert.“

Ich ertappte mich bei dem Gedanken, dass mir ein paar hübsche Palmen und etwas frisches Wasser in diesem Moment völlig ausreichen würden. Kaum hatte ich diesen Gedanken gedacht, da war mir plötzlich, als hörte ich Wasser rauschen.

Carlos hob den Zeigefinger und tat so, als würde er lauschen. „Siehst du, es funktioniert! Hast du gerade an Wasser gedacht?“

Ich nickte.

„Was noch?“, rief er. „Was könnte noch hinter diesem Felsen sein? Wie könnte das Wasser aussehen? Mal es dir in den schönsten Farben aus!“

Ich war mir nicht sicher, ob ich bei diesen Temperaturen meine Fantasie anfeuern konnte, oder ob sie nicht schon vertrocknet und verbrutzelt auf dem Grunde meines Geistes lag. Ich musste grinsen bei dieser Vorstellung. Wo war eigentlich der Sitz der Fantasie? Darüber hatte ich mir noch nie wirklich Gedanken gemacht. Ach ja, aber ich sollte ja auch über das Wasser nachdenken. Also, Wasser ... Viel Wasser, dachte ich. Ein ganzer Wasserfall, so wie ich ihn mal in einer beeindruckenden Fernsehreportage gesehen hatte! Darunter ein grosses Becken mit blaugrünem Wasser, in dem man stehen und baden konnte.

„Sehr gut!", rief Carlos, als könnte er meine inneren Bilder auch sehen. „Weiter so!"

Ich schloss kurz die Augen, da die Sonne und mein Schweiss darin brannten. Ich sah wunderschöne Blüten und grüne, hängende Pflanzen, die den Wasserfall umgaben. Auch Vögel, die ich in echt noch nie gesehen hatte. Ihre Schnäbel waren bunt und gebogen. Sie sahen freundlich aus, wie sie über dem Wasserbecken dahinflogen.

„Und jetzt komm", hörte ich Carlos sagen. Ich öffnete die Augen. Er winkte mir zu. „Worauf wartest du?"

Langsam setzte ich einen Fuss vor den anderen. Würde es wirklich so sein, wie er gesagt hatte? Was erwartete mich hinter dem Felsen? Ich hielt den Atem an, neigte vorsichtig den Kopf und hielt mich mit einer Hand an dem warmen Stein fest. Und dann sah ich ihn: den schönsten und grössten Wasserfall, den ich je gesehen hatte. Wie ein Weltwunder ergoss er sich hinter dem Felsen in ein blaugrün schimmerndes Becken. Blumen blühten in einer Fülle an seinem Ufer, die ich ebenfalls noch nie gesehen hatte. Sie erinnerten mich an Hibiskus, waren aber viel grösser. Ich erkannte auch die grünen, hängenden Pflanzen, die ich mir vorgestellt hatte. Auf einmal schwebten zwei Vögel mit bunten, gebogenen Schnäbeln von einer Anhöhe. Sie wirkten majestätisch und gleichzeitig unbeschwert, wie sie über das Wasser glitten. Als würden sie miteinander tanzen, in vollkommener Einheit … In der Ferne konnte ich das angenehme Summen von Bienen oder anderen Insekten hören, die wahrscheinlich gerade von dem süssen Nektar der Blüten kosteten.

„Wow!“, entfuhr es mir. Mehr konnte ich nicht sagen, so überwältigt war ich.

„Na, habe ich dir zu viel versprochen?“, rief Carlos. „Komm, wir nehmen ein erfrischendes Bad!“ Er zog sich bereits die Hose und das T-Shirt aus und lief mit ausgebreiteten Armen auf das Wasser zu. Ich sah mich um. Niemand war hier ausser uns beiden. Den Vögeln und Insekten würde der Anblick zweier nackter Männer wohl nichts ausmachen, dachte ich, innerlich lächelnd.

Es war lange her, seit ich mich einfach in einen Badesee gestürzt hatte. Höchste Zeit! Ich machte, dass ich aus meinen verschwitzten Klamotten kam, hing sie zum Trocknen über den warmen Felsen und folgte Carlos.

Es war herrlich! Das Wasser hatte genau die richtige Temperatur, nicht zu warm und nicht zu kalt. Carlos war untergetaucht, wusch sich den Kopf und trank dann etwas von dem Wasser aus seinen hohlen Händen. Ich tat es ihm nach.

„Na, hat sich der Weg hierher gelohnt?“, fragte er und lachte mich an wie ein Kind, das gerade ein riesengrosses Geschenk bekommen hat.

Ich nickte begeistert. „Es ist paradiesisch hier!“, rief ich zurück und liess mich einen Moment lang auf dem Rücken treiben. Was für ein Gefühl! Einfach nur hier sein, im Jetzt, umgeben von grandioser Schöpfung und erfüllt von tiefer Ruhe … War das nicht verrückt, dass ich mich gerade so ruhig und entspannt fühlen konnte? Gedanken an Deutschland, das Meeting und einiges mehr wollten in mir hochkommen, doch ich dachte an Carlos' Worte und die hohe Schwingung dieser Insel. Besser, ich dachte nur an all das Wunderbare, das ich gerade erlebte.

Die Luft roch so frisch, dass jede Zelle meines Körpers sich damit betanken wollte. Ich atmete tief ein und liess beim Ausatmen alles los, was sich so schwer angefühlt hatte in letzter Zeit.

„Sehr schön, endlich lässt du deinen Rucksack los!“, rief Carlos mir zu. Er hob den Daumen. „Den Rucksack mit den vielen Steinen auf deinem Rücken“, fügte er hinzu, als er meinen fragenden Blick sah. Ich war mir eines Rucksacks gar nicht bewusst gewesen, doch ein Gefühl sagte mir, dass er recht hatte. Hier, in diesem Wasserbecken, angesichts dieses gigantischen Wasserfalls, fühlte ich mich seit Langem wieder frei und völlig sorglos.

Ich dehnte meinen Nacken, liess die Arme kreisen und merkte, wie sich mein ganzer Rücken wohlig entspannte, als hätte jemand eine Wärmelampe darauf gerichtet. Meine Wirbelsäule streckte sich merklich, ich fühlte mich grösser, und mein Knöchel, der eben noch geschmerzt hatte, wirkte heil und gesund. Hatte dieses Wasser etwa Heilkräfte?

„Komm, ich möchte dir noch was zeigen!“, rief Carlos, schwamm auf den Wasserfall zu und verschwand plötzlich unter Wasser.

Wo war er hin? Ich folgte ihm. Doch als ich die Stelle erreichte, an der er untergetaucht war, konnte ich ihn nirgends entdecken. „Carlos? Carlos!“, rief ich.

„Ich bin hier! Hinter dem Wasserfall! Komm, das musst du sehen. Tauch einfach hindurch und auf der anderen Seite wieder auf!“

Ich zögerte kurz, doch wenn Carlos das geschafft hatte, dann sollte ich wohl auch daran glauben, dass es möglich war. Ich tauchte ins Wasser ein mit dem Ziel, auf der anderen Seite des Falls wieder aufzutauchen. Tatsächlich. Als ich wieder auftauchte, stand Carlos vor mir und strahlte über das ganze Gesicht. Neben uns erhob sich die weisse Wasserwand. Obwohl sie beim Eintauchen in das natürliche Becken ein tosendes Geräusch machte, war es hier, zwischen der Wand und dem Berg, bemerkenswert still.

Carlos lief durch das Wasser auf das Ufer zu. Erst jetzt sah ich den üppigen, mit grünen Früchten beladenen Baum. Die Früchte hatten die Grösse von Mangos, schienen aber keine Mangos zu sein.

„Das sind Zauberfrüchte", erklärte mir Carlos. „Hast du Hunger?"

Keine Frage. Ich hatte Hunger und Durst gleichzeitig. Mich dürstet nach Leben, schoss mir durch den Kopf. Interessant, welch tiefsinnige Gedanken ich hier an diesem Ort hatte.

Carlos war schon an Land geklettert und pflückte uns zwei der Früchte. Er reichte mir ein Handtuch und ein paar helle, kurze Hosen, als ich ans Ufer kletterte. Wo kamen die denn her?

„Die habe ich uns bestellt!", rief er. „Gut, oder?"

Ich schüttelte ungläubig den Kopf. Langsam wunderte mich hier gar nichts mehr.

Wir setzten uns auf zwei sonnenwarme, flache Felsen. Carlos öffnete die Früchte mit einem spitzen Stein. Innen waren sie rosafarben. Solches Obst hatte ich noch nie gesehen. War es wirklich geniessbar?

„Worauf wartest du?", rief Carlos. Er hatte schon in eine der Früchte hineingebissen. Ich tat es ihm nach. Mmh, fantastisch, dachte ich. Das Aroma war süss und leicht säuerlich zugleich. Es erinnerte mich an eine Mischung aus Birnen und Erdbeeren. „Lecker!", rief ich bestätigend und hob die Frucht hoch, als wollte ich ihm zuprosten.

Carlos war sichtlich zufrieden.

Auf einmal spürte ich, wir mir leicht schwindlig wurde. Spielte mein Kreislauf verrückt? Doch ehe ich darüber nachdenken konnte, war der Schwindel schon wieder vergangen. Stattdessen sah ich plötzlich andere Badende im Becken planschen und lachen. Wir waren ja gar nicht alleine!

Carlos sagte nichts, sondern deutete auf eine Frau und zwei Kinder ganz in der Nähe. Moment mal, das waren doch Sabine und die Kinder! Was machten die denn hier?

Carlos legte einen Finger an seine Lippen, damit ich leise blieb. Ich sollte nichts sagen. Nur beobachten. Also sah ich wieder hin. Sabine und die Kinder lachten überglücklich und bespritzten sich gegenseitig mit Wasser. Und da war ja auch ich! Ich umarmte meine Frau, küsste sie auf die Schläfe und drückte auch meine beiden Kinder an mich. Gemeinsam standen wir so eine Weile zusammen. Nur das sanfte Rauschen des Wassers war zu hören und der leise Ruf der schönen Vögel. Plötzlich schwebte ein Schwarm hellblauer Schmetterlinge über mich und meine Familie hinweg. Sie sahen aus wie ein magischer, fliegender Teppich. Wir blickten ihnen begeistert nach. Als sie verschwunden waren, liess ich meinen Blick weiter schweifen. In den anderen Menschen im Wasserbecken erkannte ich plötzlich liebe Freunde und andere Mitglieder meiner Familie … Was für ein wunderschönes Bild, wir alle vereint an diesem paradiesischen Ort! Ich konnte sogar ein paar Kollegen, mit denen ich mich sehr gut verstand, im Wasser erkennen. War das alles ein Traum?

Erst jetzt bemerkte ich, dass Carlos mir eine Hand auf die Schulter gelegt hatte. „Das bewirken schöne Gedanken", sagte er.

Ich sah auf die Frucht in meiner Hand. „Sag mal, da ist nicht zufällig irgendwas drin, oder? Ich meine, wir haben gerade nichts Illegales getan, oder? Drogen genommen oder so etwas in der Art?"

Carlos lachte auf. „Nein, nein, keine Sorge. Entspann dich! Es ist einfach eine Zauberfrucht! La fruta mágica! Sie unterstützt unsere guten Gedanken. Und, wie du siehst, alles, woran du denkst, wird wahr! Auch die guten Sachen! Die vergessen wir zu oft in unserem Leben. Wir halten es für das normale Leben. Warum machen wir nicht diese Realität zu unserem normalen Leben?“ Er breitete die Arme aus.

Ja, da musste ich ihm zustimmen. Das wäre das Grösste und Schönste, was passieren könnte. Am liebsten wäre ich für immer auf dieser Insel geblieben. Wir liessen uns noch ein paar Minuten von der Sonne trocknen, dann regte sich in mir das Gefühl, dass es Zeit war, von hier aufzubrechen. Carlos war ebenfalls bereit.

Diesmal liefen wir um das Wasserbecken herum, statt hindurchzuschwimmen. Als wir den Felsen erreichten, sah ich mich noch einmal um. Dieses wunderschöne Bild wollte ich unbedingt in meinem Herzen haben, um es mir immer wieder in Erinnerung rufen zu können.

„Danke“, sagte ich zu Carlos, als ich mich zu ihm umdrehte und bereit war, den Rückweg anzutreten.

Zu meiner grossen Überraschung erwartete uns nach dem Felsen aber gar nicht die rote, trockene und heisse Steinwüste.

„Sind wir einen anderen Weg gegangen?“, fragte ich verwirrt.

„Nein, nein“, meinte er unbekümmert. „Es ist der gleiche Weg. Nur deine Gedanken sind jetzt andere als vorhin.“

Ich folgte ihm weiter, doch mein Kopf war voller Fragezeichen. Wie konnte das alles sein? Ich wollte es mit meinem Verstand begreifen, auf den ich mich so oft stützte, doch hier versagte sein Dienst. Wie weit der Verstand und das Verstehen doch manchmal auseinanderlagen.

„Weisst du, mein lieber Freund, wir sehen die Dinge nicht, wie sie sind“, klärte mich Carlos im Weitergehen auf. „Wir sehen sie, wie wir sind.“

Darüber musste ich nachdenken. Der Satz kam mir irgendwie bekannt vor, doch ich konnte mich nicht daran erinnern, wo ich ihm schon begegnet war. In unserem Team hatten wir eine Kollegin, die die Wand in ihrem Büro mit einigen Postkarten mit Sinnsprüchen darauf bestückt hatte. Viele von uns hatten deswegen schon Bemerkungen gemacht und diese Wand ihre ‚Eso-Wand‘ genannt. Jetzt erkannte ich, dass die Sätze der Kollegin wahrscheinlich Kraft gaben. Kraft und auch Vertrauen ins Leben.

Ich seufzte. Eine wohlige Schwere hatte sich in mir ausgebreitet.

Carlos nickte und hob den Daumen, so als hätte er meine Gedanken wieder einmal erraten. Wenn ich nicht inzwischen gewusst hätte, dass er früher ein Schinkenfabrikant gewesen war, dann hätte ich ihn echt für verrückt gehalten.

„Warte mal kurz", bat er mich. „Mach die Augen zu und denk jetzt einmal für wenige Augenblicke an deine beiden Freunde Schüller und Becker."

Ich gehorchte. Es dauerte keine drei Atemzüge, da konnte ich den stechenden Geruch wieder wahrnehmen. Schwefel. Genau wie beim Betreten der Insel. Ausserdem wurde es prompt wieder unerträglich heiss, obwohl wir uns doch gerade erst erfrischt hatten. Und still war es. Als hielte die Natur erneut den Atem an. Als gäbe es kein Leben.

„Ahnst du, was du siehst, wenn du die Augen wieder öffnest?", hörte ich Carlos fragen.

Ich nickte.

„Und, willst du das?"

Ich schüttelte den Kopf.

„Dann denk jetzt wieder an das Bild, das du gerade unten im Wasser gesehen hast."

Ich holte tief Luft, versuchte, mich zu entspannen und erinnerte mich so gut es ging an den Wasserfall, Sabine, die Kinder und mich, unsere lieben Freunde, die netten Teamkollegen und die atemberaubende Schönheit des Moments … Ich spürte einen frischen Hauch des Windes. Sofort verschwand der Schwefelgeruch. Mein Körper nahm wieder die angenehme Temperatur an und ich konnte auch die Vögel wieder hören sowie das Summen der Insekten.

Ich wagte, die Augen zu öffnen. Der Weg, der vor uns lag, war wunderschön. Grün, freundlich, einladend. Ein hellblauer Schmetterling flatterte vor mir entlang, als wollte er sagen: „Komm, weiter, bleib in deinen guten Gedanken, ich begleite dich!"

Und das tat ich dann auch. Zum ersten Mal fiel es mir erstaunlich leicht, mich gut zu fühlen. Ich verspürte einen leichten Stolz.

Als wir zum Boot zurückliefen, ertappte ich mich allerdings bei dem Gedanken, wie es mir zurück im Alltag ergehen würde. Ich sprach es aus. „Carlos, wie kann ich diesen guten Zustand aufrechterhalten? Es passieren doch immer mal Situationen, die einen aus der Fassung bringen. Unvorhergesehenes, das einen ärgert. Konflikte oder Probleme, die an einen herangetragen werden, ob man es will oder nicht … Verstehst du, es ist sicher nicht immer leicht, in meinen

Gedanken das Paradies zu sehen, wenn die Umstände nicht gerade paradiesisch sind.“

Carlos drehte sich lächelnd zu mir um. „Das ist eine hervorragende Frage, mein Lieber! Genau die hab ich mir auch oft gestellt. Zuallererst: Geh davon aus, dass es funktioniert! Denn wenn du zu viele Zweifel hast, dann werden sich diese wieder und wieder bestätigen. Du erinnerst dich? Du bewirkst, was du denkst!“ Er wartete, bis ich ihn eingeholt hatte, dann fuhr er fort. „Es gibt ein paar Dinge, die du tun kannst, um dich immer wieder in diesen guten Zustand zu bringen und um vorzubeugen, dass dich etwas energetisch zu sehr nach unten zieht.“

Ich sah ihn neugierig an. Jetzt war ich gespannt.

„Es ist eigentlich ganz einfach“, fing er an. „Achte von nun an bewusst auf das, was du zu dir nimmst. Und damit meine ich alle Ebenen: Achte auf das, was du isst, was du trinkst, was du siehst, hörst oder liest. Wir sind jeden Tag sehr vielen Einflüssen ausgesetzt, ob wir dies bewusst wahrnehmen oder nicht. Unsere eigenen Gedanken, Überzeugungen, wie die Welt zu sein hat, und auch Prägungen beeinflussen uns. Andere Menschen beeinflussen uns – durch ihre Stimmung, ihr Verhalten, ihre eigenen Prägungen. All das macht die Welt da draussen zu einem grossen Schwingungsfeld! Ein unendlicher Teppich aus Schwingungen. Wie ein Netz, das die ganze Welt unsichtbar überzieht und durchdringt …“

Er verstärkte seine Worte mit einer ausladenden Armbewegung.

„Alles Materielle und Immaterielle schwingt, und wir reagieren darauf, in jeder Sekunde, ob wir es bemerken oder nicht. Es übersteigt unser Vorstellungsvermögen, uns diese riesige Menge an Schwingungen überhaupt vorstellen zu können oder sie aktiv wahrnehmen zu können. Wir würden schlichtweg den Verstand verlieren."

Ich nickte.

„Ein ganz einfaches Beispiel", fuhr er fort. „Jede Information aus den Nachrichten, jede Überschrift in der Zeitung oder im Internet trägt dazu bei, dass sich unser Zustand von einer Sekunde auf die andere verbessern kann – oder dass wir uns schwächer fühlen. Je nachdem. Worte können uns in ihrer Wirkung stärken und grandiose Gefühle in uns erzeugen. Sie können uns aber auch komplett unsere Kraft entziehen."

Ich nickte erneut. Das hatte ich schon erlebt, dass mich eine Meldung aus der Tageszeitung oder im Fernsehen urplötzlich aus der Bahn geworfen hatte. In solchen Momenten kam ich mir besonders hilflos und machtlos vor angesichts der Lage in der Welt und auch im eigenen Land. Ich hatte allerdings bisher nicht gewusst, dass das etwas mit Schwingungen zu tun hatte.

Carlos sah mich ernst an. „Weisst du, Jean, wir können die Lage in der Welt nicht beeinflussen. Wir können immer nur beeinflussen, wie wir darauf reagieren. Ob wir im Vertrauen bleiben, in der Zuversicht, in unserer Kraft – oder ob wir zulassen, dass uns die Angst überwältigt, die Lähmung, die Hilflosigkeit. Je nachdem, wie wir unsere Gedanken im Griff haben, erleben wir die Realität. Hier auf der Zauberinsel hast du es gesehen!"

Ja, das stimmte. Es machte Sinn, was er sagte.

„Gib also in Zukunft verstärkt darauf acht, was du konsumierst. Auch im übertragenen Sinne – an Medien, an Nachrichten, an Gedanken. Wähle achtsam aus, mit welchen Büchern oder Filmen du dich ‚fütterst' und welche deine Stimmung möglicherweise herunterziehen. Man nennt das ‚mentale Hygiene'. Sie ist genauso wichtig wie das Zähneputzen. Viele Menschen wissen gar nicht, dass es so etwas gibt. Achte auch darauf, mit welchen Menschen du dich umgibst. Wir können es uns nicht immer aussuchen, aber wir können mit den Menschen, die uns guttun, mehr Zeit verbringen als mit denen, die uns nicht guttun. Die meisten Menschen merken es nicht, dass sie selbst mit einer grossen Schwere und negativen Einstellung durchs Leben gehen. Doch nach Gesprächen mit ihnen merken wir, dass wir uns fühlen wie ein löchriger Luftballon oder wie ein kaputter Fahrradschlauch. Schlaff und ausgepumpt. Verbringe bewusst Zeit mit Menschen, mit denen es dir gut geht, ja sogar besser geht nach einem Gespräch. Bei einem wertvollen Austausch geht es sogar euch beiden besser. Und zuletzt gib acht auf deine Ernährung und auf ausreichende Flüssigkeitszufuhr von gutem Wasser. Ich will dir sicher nichts vorschreiben. Auch ich esse zum Beispiel gerne Fleisch und wer aus der Schinkenbranche kommt, der wird sicher in diesem Leben nicht zum Veganer", er lachte. „Und manchmal müssen wir uns einfach den Umständen und dem Verfügbaren anpassen. Aber es ist etwas Wahres dran, dass wir uns energetisch umso besser fühlen, je höher die Schwingungen der Dinge sind, die wir uns zuführen. Gerade in unserer Nahrung kann so viel mehr drinstecken, als das Etikett beschreibt. Höre einfach auf deinen Körper, er weiss genau, was ihm guttut und was nicht. Und zu guter Letzt: Denk einfach immer an dieses Erlebnis hier zurück! An den Wasserfall und wie du dich darin gefühlt hast. Das ist dein Anker und wird deine eigene Schwingung sofort positiv anheben! Besorge dir ein schönes Bild von einem Wasserfall oder stell es dir einfach jeden Tag kurz vor deinem inneren Auge vor, bevor du aufstehst oder in ein Meeting gehst. Es ist ganz einfach, wirklich. Du schaffst das, Jean, da bin ich mir ganz sicher."

Ich nickte. Ich hatte verstanden, auch wenn es sehr viel an Information war, die ich erst mal verdauen musste. „Danke."

„Gern geschehen."

Bevor wir den Strand erreichten, kamen wir an der Palme mit den Kokosnüssen vorbei.

„Stopp!", rief Carlos, bevor wir darunter hindurchgingen. „Was solltest du jetzt tun?"

„Daran denken, dass sie schön da oben bleiben, fest an der Palme!", gab ich grinsend zurück.

Er lachte schallend: „Du bist grossartig! Ich sagte ja schon, du bist mein bester Schüler!" Die Kokosnüsse blieben tatsächlich dort, wo sie waren, und liessen uns ohne Schrecken oder Beulen passieren.

Ich hätte ja zu gern gewusst, ob es auch andersherum funktionierte. Was, wenn ich beim Vorbeigehen daran gedacht hätte, dass sich eine von ihnen löste oder herabfiel? Nein, lieber nicht daran denken, ermahnte ich mich. Ich beeilte mich, mit Carlos Schritt zu halten.

Wieder an Bord lichtete er den Anker und schaltete ganz kurz den Motor an, um aus dem seichten Wasser schneller zurück ins Meer zu kommen.

Ich lehnte mich an die Reling und sah noch einmal auf die Insel, die jetzt wieder wunderschön aussah. Keine Spur von der roten Steinwüste. Verspürte ich gerade Wehmut? Dieses Gefühl hatte ich lange nicht gehabt. Ich kannte es von besonders schönen Urlauben an Orten, an denen man am liebsten für immer bleiben würde. Gleichzeitig erschien mir alles, was in der letzten Stunde passiert war, wie ein Traum. Hatte es wirklich stattgefunden?

Ich sah an mir herunter. Ja, der Hose nach, die ich trug, waren wir wirklich am Wasserfall gewesen.

Carlos hatte mich aufmerksam beobachtet. „Was du auf der Zauberinsel erlebt hast, das klappt auch woanders", sagte er. Er lächelte mich an.

Ich überlegte, ob ich Sabine und den Kindern von diesem Inselausflug erzählen sollte. Den Kindern würde es gefallen. Sabine würde wahrscheinlich erst mal auf mich zukommen, mir die Hand auf die Stirn legen und mich fragen, ob ich Fieber hätte. Mein Gefühl sagte, dass es wichtig war, diese Erfahrung mit ihnen zu teilen. Schatz, ich war segeln und hatte beim Nacktbaden auf einer Zauberinsel eine Vision. Und nein, ich habe kein Fieber. Okay, vielleicht nicht gerade als Erstes, wenn ich zur Tür hereinkam. Bei der Vorstellung musste ich schmunzeln.

9

Endlich kamen wir in Costa Rica an. Wie lange hatten wir gebraucht, seit wir in Panama gestartet waren? Waren es mehrere Tage gewesen? Eine Woche? Ich hatte plötzlich überhaupt kein Zeitgefühl mehr, was nicht nur an dem leeren Akku meines Handys lag. Unvorstellbar, dass ich einmal so lange am Stück nicht auf die Uhr gesehen hatte.

Als wir mit der Corazón im Hafen anlegten, traute ich meinen Augen nicht. Auf dem Steg stand tatsächlich mein Projektkoffer. Neben ihm lagen die beiden Roll-ups ordentlich aufgereiht. Alles sah unversehrt aus und als hätte es bereits auf mich gewartet.

Ich sah mich um. Von Enrique und dem Frachtschiff keine Spur.

„Hab ich doch gesagt, dein Gepäck kommt noch vor dir an!“, rief Carlos zufrieden.

Ich machte einen Schritt auf den Steg, während Carlos die letzten Leinen festmachte, schnappte mir den Projektkoffer und öffnete ihn. Es war alles darin und schien unberührt.

Ich fand sogar eine umfangreiche Mappe, die die wichtigsten Papiere zum Projekt in Costa Rica enthielt. Diese „Sicherungskopie", die ich noch zu Hause gemacht hatte, für alle Fälle, hatte ich total vergessen. Ich musste auflachen. Als hätte ich vorher etwas geahnt …

Ganz kurz beschlich mich der Gedanke, ob alles genauso gekommen wäre, wenn ich die Kopie gar nicht erst angefertigt hätte. Ich grinste innerlich. Carlos würde wahrscheinlich wieder sagen, das sei der Fortgeschrittenenkurs und ich würde die Antwort schon noch finden.

Was jetzt zählte, war, dass ich alles Wichtige wieder hatte. Eine Riesenerleichterung durchströmte mich und ich atmete tief durch. Einzig mein Laptop würde nicht wieder auftauchen. Mit dem surfte jetzt ein Pirat in dunklen Ecken des Internets rum oder hatte ihn längst verhökert. Interessanterweise machte mir das nicht so viel aus, wie es früher der Fall gewesen wäre. Legte auch ich jetzt schon eine gewisse südamerikanische Gelassenheit an den Tag? Vielleicht war doch eine chemische Substanz in der Frucht gewesen, irgendwas Beruhigendes …

Carlos, der inzwischen auch auf dem Steg stand, klopfte mir strahlend auf die Schulter. „Na, amigo? Alles klar?"

Ich sah ihn an. Unsere Reise war hier zu Ende.

„Es war mir ein Vergnügen, dein Skipper zu sein“, sagte er, bevor ich die richtigen Worte finden konnte. Was sagte man bloss am Ende einer solchen Fahrt?

Plötzlich schoss mir ein Gedanke durch den Kopf, mit dem ich mich die ganze Zeit noch nicht beschäftigt hatte: Wie sollte ich Carlos bezahlen? Was wollte er überhaupt für seine Dienste?

Ich fing an, in meiner Tasche zu kramen. Dann fiel mir ein – die Hose! Meine Hose mit dem Zwanzigeuroschein lag am Felsen vor dem Wasserfall ... Auch das noch!

„Lass gut sein. Ich habe dich gerne begleitet. Ich möchte nichts dafür haben“, sagte Carlos schmunzelnd, als wüsste er genau, wonach ich suchte. „Glaub mir, die Reise war gratis – aber ich hoffe, nicht umsonst.“ Er lachte schallend. Offensichtlich begeisterte ihn sein eigener Witz.

„Natürlich war sie nicht umsonst! Ich meine, ich habe so unglaublich viel gelernt durch dich ... Ich weiss gar nicht, wie ich dir danken soll.“ Ich fühlte mich unwohl. Offene Rechnungen hatte ich nicht gerne.

Carlos winkte ab. „Wie ich schon sagte. Ich möchte kein Geld von dir haben. Erzähl das, was du gelernt hast, einfach weiter. Deiner Frau, deinen Kindern oder auch deinen

Kollegen, die dafür empfänglich sind ... Trag die Gedanken von Carlos, dem Skipper, einfach in die Welt hinaus. Das ist Lohn genug."

In unserer Nähe war eine kleine Bar. Die Tische waren sonnenbeschienen und alles sah sehr einladend aus. „Dann lass mich dich wenigstens auf ein Bier einladen", sagte ich. Innerlich dachte ich: Da drinnen kann ich sicher mit Karte bezahlen.

„Da sage ich natürlich gerne Ja!", rief Carlos. „Vamos!"

So ganz wohl war mir noch nicht, denn ein Bier erschien mir zu wenig für das, was Carlos alles für mich getan hatte. Er hatte mir eine ganz neue Welt eröffnet, die mich für den Rest meines Lebens nicht mehr loslassen würde. Doch er schien sich keine Gedanken darum zu machen.

Wir setzten uns in die Sonne. Von hier aus konnten wir die Corazón und auch die anderen Schiffe gut sehen. Wie schön unser Boot aussah. Im selben Moment musste ich innerlich schmunzeln. Hatte ich gerade ‚unser Boot' gedacht?

Die Segel schienen heute zu strahlen, als wären sie mit einem Goldglanz überzogen. Das konnte doch nicht sein, oder? Auch der Rumpf wirkte auf einmal nicht mehr schäbig und verkratzt. War es das Licht? Oder war es mein neuer Blick auf die Dinge, der alles neu erscheinen liess?

Der Wirt brachte unser Bier. Wir hatten es uns verdient. Jeder für sich. Für Carlos war die Reise mit mir sicher auch nicht immer leicht gewesen, dachte ich und musste innerlich grinsen.

Ich sah ihn auf einmal wieder vor mir: Carlos, den Tangotänzer, der mir etwas vom Rhythmus des Lebens erzählt hatte. Carlos, der wie mein Physiklehrer früher an der Tafel stand und mir etwas vom Aktion-Reaktion-Axiom erzählte und davon, dass der, der Kokospalmen pflanzt, keine Tomaten ernten kann. Und zu guter Letzt sah ich Carlos wie einen südamerikanischen Fussballspieler vor mir, der vor einem grossen Spiel die Fingerspitzen küsste und sie zum Himmel warf …

„Wir haben schon eine echt coole Reise gehabt, oder?“ Carlos zwinkerte mir von der Seite zu. Hatte er etwa die gleichen Bilder vor Augen gehabt?

Ich grinste. „Salud!“

Wir prosteten uns zu und genossen das kalte, süffige Bier. Als wir ausgetrunken hatten, überkam mich das Gefühl, dass ich losmusste. So gern ich die gemeinsame Zeit mit Carlos noch verlängert hätte, das Leben wartete mit ein paar Aufgaben auf mich.

Ich ging zu meinem Koffer, holte meinen Ersatzanzug heraus und fragte den Wirt nach den Waschräumen. Ausserdem wollte ich wissen, ob ich unser Bier mit Karte zahlen konnte.

„Ihr seid eingeladen. Ich habe heute eine sehr gute Nachricht bekommen – ich bin Grossvater geworden, was sagst du dazu!“, rief der Mann mit einem seligen Grinsen. Er war erst um die vierzig, hatte modisch kurz rasiertes, dunkles Haar und wirkte sichtlich stolz. „Ihr seid zur Feier des Tages meine Gäste!“

Ich bedankte mich lächelnd, gratulierte ihm zu seinem Enkelkind und wünschte der ganzen Familie alles Gute.

Carlos stand auf, als er mich kurze Zeit später im Anzug zurückkommen sah. „Ah, wieder der gute alte Jean. Oder doch nicht ganz der Alte?“ Er grinste mich an.

Ich schüttelte den Kopf. „Mit Sicherheit nicht.“

Wir gingen noch ein Stück gemeinsam. Mein Taxi, das der Wirt netterweise für mich gerufen hatte, würde vorne an der Mole auf mich warten. Ein Obstverkäufer hatte auf dem Weg dorthin einen Stand aufgebaut. Er winkte uns freundlich zu. Wir grüssten zurück und wollten schon weitergehen, da entdeckte ich plötzlich etwas.

„Hey, da ist ja die Zauberfrucht! La fruta mágica!“, rief ich. Tatsächlich, da lagen mehrere prachtvolle Exemplare der

Frucht. Aussen grün, innen rosafarben und saftig. Man hätte direkt wieder reinbeissen können, so appetitlich sahen sie aus.

Der Verkäufer hinter dem Stand hob die Brauen. „Fruta mágica?“, fragte er irritiert. „No, no, guayaba! Normal!“ Er lachte.

Carlos grinste nur. Jetzt war ich es, der verwirrt aussah.

Der Verkäufer hob eine der Früchte hoch. Ob ich eine haben wollte? Nein, nein, ich wehrte ab. Vielen Dank. Nicht, dass ich gleich mitten im Meeting auf einmal das Fantasieren anfing und alle Geschäftspartner nackt im Wasserfall badend vor mir sah. Die Vorstellung war allerdings ziemlich amüsant. Aber dass es keine magische Frucht sein sollte, darüber würde ich noch mal in Ruhe nachdenken.

Mein Taxi hupte ganz in der Nähe. Es war schon da.

Carlos drückte mich zum Abschied fest und herzlich an sich. „Adiós, mío amigo! Es war mir ein Vergnügen und eine Ehre. Pass auf dich auf. Und komm doch mal wieder nach Panama! Bring deine Familie mit! Dann zeigen wir ihnen ein paar schöne Plätze.“

Ich nickte. Warum eigentlich nicht? Sabine und den Kindern würde eine solche Reise sicher auch gefallen.

Ich nahm hinten im Taxi Platz und sah Carlos nach, wie er zur Corazón zurücklief. Das grosse Segel flatterte im Wind, als wollte es mir zum Abschied zuwinken.

„Buenos días!", sagte der Taxifahrer freundlich. Er hatte sich zu mir umgedreht. „Schön, dass ich Sie heute fahren darf. Wohin wollen Sie?"

Ich lächelte.

Die sieben Grundgedanken auf einen Blick

Rhythmus:
Alles unterliegt einem Takt.

Gedanken:
Alles beginnt mit einem Gedanken.

Anziehung:
Wie im Innen, so im Aussen.

Polarität:
Alles hat zwei Seiten.

Ursache und Wirkung:
Du erntest, was du säst.

Geschlecht:
Alles ist gleich wichtig.

Schwingung:
Je reiner unsere Gedanken, desto reiner die Erfahrung.

Der Autor

Marcus Selzer, geboren 1979, lebt am Thunersee in der Schweiz. Er entwickelt mit Unternehmen verschiedenster Branchen deren Purpose und Werte, damit sie fit für ihre Kundenakquise der 2020er-Jahre sind. Das persönliche Coaching von Unternehmerinnen und Unternehmern liegt ihm besonders am Herzen. Ihre Überzeugungen und ihre Tatkraft sind für ihn der entscheidende Erfolgsfaktor für ihr Unternehmen.

Seinen Auftrag – ja, man könnte ruhig sagen: seinen Lebenszweck – sieht er darin, Menschen ihr Lächeln zurückzubringen. Denn echtes Lächeln, das von innen kommt und nach aussen sichtbar wird, ist das ehrlichste Zeichen für Freude am Erfolg und am Leben selbst.

Marcus greift auf seinen über 20-jährigen Erfahrungsschatz aus verschiedenen Funktionen in der Versicherungsbranche zurück. Am meisten geprägt hat ihn seine siebenjährige Verkaufs- und Führungstätigkeit in einer Generalagentur.

Seit dem einschneidenden Erlebnis auf einer Weltreise hat er realisiert, dass alles, was uns im Alltag begegnet, seinen Ursprung in unserem Inneren hat. Wir haben also mehr Einfluss am Steuerrad des Lebens, als wir uns dies vorstellen können.

www.marcusselzer.ch
Instagram: marcusselzer_KlarheitsCoach

Danksagung

Herzlichen Dank an alle,
die mich auf meiner Reise begleiten.

Einen besonderen Dank an Ramón.

Printed in Poland
by Amazon Fulfillment
Poland Sp. z o.o., Wrocław

47417956R00101